SEM MEDO DO FUTURO

GUILHERME BOULOS

Guilherme Boulos

SEM MEDO
DO FUTURO

SÃO PAULO
2022

Copyright © EDITORA CONTRACORRENTE
Alameda Itu, 852 | 1º andar |
CEP 01421 002
www.loja–editoracontracorrente.com.br
contato@editoracontracorrente.com.br

EDITORES
Camila Almeida Janela Valim
Gustavo Marinho de Carvalho
Rafael Valim
Walfrido Warde
Silvio Almeida

EQUIPE EDITORIAL
COORDENAÇÃO DE PROJETO: Juliana Daglio
REVISÃO: Douglas Magalhães
REVISÃO TÉCNICA: Amanda Dorth
DIAGRAMAÇÃO: Pablo Madeira
CAPA: Maikon Nery

EQUIPE DE APOIO
Fabiana Celli
Carla Vasconcelos
Fernando Pereira
Valéria Pucci
Regina Gomes
Nathalia Oliveira

Dados Internacionais de Catalogação na Publicação (CIP)
(Câmara Brasileira do Livro, SP, Brasil)

Boulos, Guilherme
Sem medo do futuro / Guilherme Boulos ; prefácio
Luiza Erundina. –– São Paulo, SP : Editora
Contracorrente, 2022.
ISBN 978–65–5396–006–00
1. Brasil – Política e governo 2. Ética política –
Brasil 3. Movimentos sociais – Brasil 4. Política –
Brasil – História 5. Problemas sociais – Brasil
I. Erundina, Luiza. II. Título.

22-105162   CDD-361.10981

Índices para catálogo sistemático:
1. Brasil : Ética política e social : Problemas
sociais : Sociologia 361.10981
Eliete Marques da Silva – Bibliotecária – CRB-8/9380

@ @editoracontracorrente
f Editora Contracorrente
🐦 @ContraEditora

Dedico este livro à minha companheira Natalia e às minhas filhas Sofia e Laura, pela paciência com as ausências e pelos ensinamentos de todos os dias.

SUMÁRIO

AGRADECIMENTOS 12

PREFÁCIO - UMA CHAMA DE ESPERANÇA 14

APRESENTAÇÃO 20

O QUE APRENDI COM OS SEM-TETO? 24

A ENCRUZILHADA DA PANDEMIA 42

A doutrina do choque e as epidemias brasileiras 47

Para o bem ou para o mal 55

Para além de uma onda solidária 59

O DESPERTAR DOS MONSTROS 66

Vidas descartáveis 69

A grande mentira neoliberal 79

Bolsonaro e Waldo 90

CIDADES, RESISTÊNCIAS E ESPERANÇA 96

Cidade como espaço de segregação 98

Cidade como espaço de resistência e esperança 106

O BRASIL PÓS-BOLSONARO 118

    Brasil, terra arrasada 120

    2023 não é 2003 126

    Resgatar a esperança militante 139

REFERÊNCIAS BIBLIOGRÁFICAS 150

AGRADECIMENTOS

A gratidão é um reconhecimento de que, sozinhos, nunca chegaríamos às nossas realizações. Este livro, escrito em meio à luta política e ao trabalho como professor, só foi possível pela ajuda de muitos amigos. Agradeço, antes de todos, a Ednilson Machado, o Ed, que me ajudou na escrita, na pesquisa e me estimulou a não desistir. Ed é uma daquelas grandes figuras que a câmera não filma, mas que, se não estivesse ali, as coisas seriam sempre muito piores. Agradeço também aos meus amigos e companheiros de militância Guilherme Simões, Josué Rocha, Marina Mattar, Camila de Caso e José Jacinto, pela ajuda em revisões e na reunião de dados. Aos amigos Rafael Valim e Walfrido Warde, pelo entusiasmo com que acolheram a ideia de publicação, e a toda a equipe da Editora Contracorrente, pela generosidade e rapidez no trabalho de edição. Por fim, agradeço à Natalia, à Sofia e à Laura, pela compreensão do tempo que precisei dedicar, nos raros momentos livres, às tarefas de leitura e escrita. Este livro é, no sentido literal, uma obra coletiva.

PREFÁCIO

UMA CHAMA DE ESPERANÇA

Quem poderia imaginar, em 2015, que Bolsonaro, um deputado extravagante do baixo clero, seria eleito presidente do Brasil? Nem nos piores pesadelos. Quem imaginaria, em 2019, que Lula, então preso em Curitiba e com direitos políticos cassados, se tornaria o favorito para as eleições presidenciais seguintes? A Fênix renascendo das cinzas. E, após o drama das eleições de 2018, quem sugeriria que chegaríamos, Boulos e eu, ao segundo turno na maior cidade do país, pouco tempo depois, com um projeto de mudanças profundas?

A história é sempre dinâmica e surpreendente. Astuciosa, dizia Hegel. Com movimentos subterrâneos invisíveis a olho nu, cavando como uma toupeira, versou Marx. Não podemos descuidar soberbamente em momentos bons, nem nos desesperar em momentos difíceis. Nenhuma vitória é definitiva, e nenhuma derrota é definitiva. O que o Brasil vive hoje é um dos períodos mais sombrios de nossa história, mas a toupeira segue cavando. Entregar os pontos e perder a esperança é o único caminho que não podemos seguir.

A campanha de 2020 em São Paulo é um exemplo vivo disso. Um país devastado por Bolsonaro e pela pandemia de COVID-19. Uma cidade tida, erroneamente, como conservadora. Uma chapa com um encontro improvável de gerações, sem estrutura financeira, sem tempo na televisão e sem apoio de nenhuma grande máquina. Era uma batalha de Davi *versus* Golias, e, contra todas as expectativas, fomos longe.

Um dia estávamos Boulos e eu gravando um vídeo de campanha no emblemático Viaduto do Chá, e apareceu uma jovem. Ela interrompeu a gravação e, com lágrimas nos olhos, nos abraçou: "obrigado por me devolverem esperança". Ali e em tantas ocasiões como essa, entendemos que não se tratava só de uma candidatura à Prefeitura de São Paulo, mas de um movimento que ajudava a recuperar a autoestima e a fé na mudança de muitos de nós, feridos como estávamos – e ainda estamos – com os descaminhos do país.

As eleições acabaram, e nós não ganhamos. Contudo, aprendemos que nem toda derrota eleitoral significa uma derrota política. Faltou tempo e voto para a vitória nas urnas, mas a semente foi plantada e floresceu. A grande marca daquela campanha foi retomar o engajamento. Ao longo do tempo, as campanhas eleitorais foram se tornando grandes negócios, com agências milionárias de *marketing* e cabos eleitorais pagos para balançar bandeiras e pedir votos. Naqueles meses de 2020, milhares de pessoas foram às ruas convencer os outros de um projeto de transformação, não por dinheiro, mas por ideal.

Como foi bonito encontrar o jovem Antônio que, após os resultados do primeiro turno, tomou um ônibus na rodoviária do Rio e veio a São Paulo com a missão de virar votos. Não tinha sequer lugar para ficar, mas lá estava ele na segunda-feira de manhã, na periferia da zona sul de São Paulo, na comunidade do Morro da Lua, onde Boulos

PREFÁCIO – UMA CHAMA DE ESPERANÇA

tinha um encontro com moradores. Como foi emocionante ver gente do povo tornando-se militante em ônibus e vagões de trem para falar sobre as eleições, ver banquinhas com café e bolo espalhadas por praças do centro da cidade para convencer as pessoas.

A política só vale a pena se for feita com sonho. Se for projeto individual, de busca do poder pelo poder, vira politicagem. Foi essa política individualista, que só quer privilégios para si e que vê o povo apenas como um título eleitoral a ser conquistado, a maior responsável pelo desencanto da sociedade brasileira com a política. Bolsonaro é fruto desse desencanto, que gera a crença em salvadores da pátria para "mudar tudo o que está aí". Precisamos nos reencantar para reencantar as pessoas. Recuperar o brilho nos olhos e a esperança no futuro é a grande missão de uma política transformadora.

Essa foi a grande potência daquela campanha. A parceria entre um jovem com a pecha de "invasor de terras" e uma senhora de oitenta e cinco anos – sim, o preconceito contra idosos existe e é perverso –, que partiam com 3% nas pesquisas e por um partido tachado de extremista, parecia ser a receita certa do fracasso. O engajamento e a esperança mudaram essa história, como já tinham mudado em 1988, quando me elegi prefeita da cidade.

O símbolo dessa vitória política foi o fato de termos ganhado em Paraisópolis, mesmo perdendo de lavada no Morumbi. E tivemos, de acordo com os dados divulgados pelo TSE, quase 70% de votos nas urnas do fundão do Jardim Ângela, uma das regiões mais pobres e abandonadas de São Paulo. Derrotamos o bolsonarismo justamente em seu ninho – as redes sociais – com criatividade e ousadia, tirando o candidato de Bolsonaro da reta final. E tivemos 65% dos votos dos jovens com menos de vinte e cinco anos. A juventude sempre sinaliza o que virá. E Boulos é o grande símbolo dessa nova geração. Espero vê-lo ainda subindo a rampa do Planalto.

Mais do que falarmos do passado, precisamos falar de futuro. Plantamos sementes e mostramos que era possível. Agora, precisamos seguir em frente para uma bela colheita de primavera, em São Paulo e no Brasil. O caminho para isso é esperançar. Esse verbo foi cunhado pelo mestre centenário Paulo Freire. Ele dizia que a nossa esperança não pode vir do verbo esperar.[1] Temos que sonhar e lutar por nossos sonhos. Temos que esperançar, não simplesmente para uma eleição, mas para uma geração e pelas próximas que virão. A história somos nós que fazemos.

LUIZA ERUNDINA

---

[1] Cf.: FREIRE, Paulo. *Pedagogia da Esperança*: um reencontro com a Pedagogia do Oprimido. Rio de Janeiro: Paz e Terra, 1992.

APRESENTAÇÃO

Decidi escrever este pequeno livro em meio ao combate porque acredito que livros são armas poderosas. Armas para se entender a realidade em que vivemos e para transformá-la.

Vivemos tempos difíceis no Brasil. O "país do futuro" revive hoje suas piores heranças do passado. A vida humana poucas vezes foi tão desprezada; afinal, "todo mundo vai morrer", "chega de frescura, de mimimi" etc. Tortura, celebração da ditadura, golpe político e outras atrocidades foram incorporadas à naturalidade da vida cotidiana. Tristemente, pessoas implorando por comida ou correndo atrás de caminhão de lixo em busca de restos de alimentos virou parte da paisagem nacional. Diante de tal quadro, o luto deste país que andou para trás precisa ser elaborado por todos nós.

Mas são também tempos de resistência: de uma juventude que não aceita perder suas conquistas; de indígenas afrontando o presidente; dos sem-teto e sem-terra que não sucumbiram diante da repressão; de pessoas negras e de mulheres com o "pé na porta" para ocupar os espaços de poder, honrando a memória de Marielle Franco; de comunidades organizando cozinhas solidárias para combater a fome. Há muitas sementes sendo plantadas nos vários cantos do Brasil, e a esperança inspirada por elas deve nos estimular à ação.

É, portanto, nesse contexto – adverso, porém repleto de exemplos de resistência –, que apresento este livro, cujos textos foram elaborados no calor de sofrimentos e lutas, para contribuir na reflexão sobre as perspectivas políticas e éticas do Brasil.

"O que aprendi com os sem-teto" fala sobre como a solidariedade e os valores mais elevados florescem no andar de baixo da sociedade brasileira, entre aqueles que sempre foram relegados à exclusão e ao silêncio. É uma tentativa de quebrar preconceitos e mistificações, a partir de relatos de vinte anos de vida junto com os sem-teto.

"A encruzilhada da pandemia" é uma reflexão sobre o que representou essa tragédia mundial e quais os caminhos que nos esperam. O que a pandemia do novo coronavírus despertou em nós? O pós-pandemia, o tão elucubrado "novo normal", nos levará a uma sociedade melhor ou pior do que tínhamos antes?

"O despertar dos monstros" é uma análise dos fatores que levaram à ascensão da extrema-direita aqui e lá fora. Bolsonaro, Trump e companhia não são filhos sem pai. A radicalização dos valores capitalistas, a ascensão e a crise do neoliberalismo, a crise de representação política, tudo isso teve sua cota no processo de fazer despertar os monstros mais bizarros da contemporaneidade. Para virar de vez a página desse atraso e nunca mais repeti-lo, precisamos, antes, entendê-lo.

"Cidades, resistências e esperança" é um texto sobre as contradições e lutas nas metrópoles do século XXI. Nunca vivemos em cidades tão segregadas, divididas por muros que separam a opulência da miséria. A convivência urbana

APRESENTAÇÃO

cedeu lugar à indiferença e à intolerância entre as pessoas. Mas é preciso enfatizar que as periferias, produtos dessa segregação, não são somente espaços de carência e descaso; são também palcos de formas de resistência inovadoras e ousadas. Essa potencialidade, muitas vezes invisibilizada, é um manancial de esperança para outro modelo de sociedade.

"O Brasil pós-Bolsonaro" é uma antecipação dos desafios do Brasil após se livrar do pior presidente de nossa história. Haverá todo um entulho a ser removido para voltarmos a caminhar adiante, um verdadeiro trabalho de reconstrução nacional, que vai exigir de nós muito mais do que o voto. Além de derrotar Bolsonaro, precisaremos derrotar o bolsonarismo e toda a sua herança maldita.

Como o caro leitor deve ter notado, são temas distintos e aparentemente desconexos, mas com uma única proposta: pensar criticamente o Brasil para imaginarmos juntos um outro futuro. Como disse o grande poeta das quebradas Sérgio Vaz, "agora que deu tudo errado, tem tudo para dar certo".[2] Sim, o caos pode abrir a porta do novo. Basta ter ousadia para empurrá-la.

---

2 Sérgio Vaz costuma ser chamado de "o poeta da periferia". Natural de Ladainha (Minas Gerais) e morador de Taboão da Serra, na Grande São Paulo, é agitador cultural nas periferias do Brasil, criador da Cooperifa (Cooperativa Cultural da Periferia) e autor de obras como *Subindo a ladeira mora a noite* (1988), *Pensamentos vadios* (1994) e *Literatura, pão e poesia* (2011), dentre outras. A frase acima, hoje espalhada pela cidade de São Paulo, pode ser encontrada também em seu perfil no *Facebook*, alimentado pelo próprio poeta. Disponível em: https://pt-br.facebook.com/poetasergio.vaz2/. Acessado em: 07.03.2022.

O QUE APRENDI
COM OS SEM-TETO?

Mal amanhecia numa terça-feira de setembro de 2003, e a tropa de choque já estava a postos. Sem saber disso, os moradores da ocupação em Osasco preparavam-se normalmente para mais um dia. O café saiu cedo na cozinha coletiva – comandada com pulso firme por Dona Nita –, e muitos saíram para trabalhar, uns apertando-se num ônibus cheio, outros com suas carroças em busca de reciclagem. A investida policial, no entanto, não tardou: pouco depois das seis da manhã, os agentes se posicionaram em frente ao terreno. Ali viviam mais de trezentas pessoas. A área, ocupada cerca de um ano antes, tinha esqueletos de prédios abandonados e pertencia a Sergio Naya, especulador famoso por ter sido responsável pela queda de um prédio feito à base de areia no Rio de Janeiro. O terreno e os prédios, então ocupados, seguem ainda hoje, dezenove anos depois, abandonados, para quem quiser ver, à beira do Rodoanel de São Paulo.

Na ocasião, fomos tentar um diálogo com os policiais para entender o que estava acontecendo. O major responsável pela operação disse secamente que era um despejo. "Mas não fomos notificados, major!" "Não importa. Vocês têm dez minutos". E assim foi. Em dez minutos, a tropa avançou pelo terreno e começou a arrombar a porta dos barracos. Pedi um tempo ao major para fazer uma reunião com os moradores e explicar o que estava acontecendo. Ele deu o tempo. Mas, quando mal tínhamos feito uma roda e começado a falar, jogaram uma bomba de gás lacrimogêneo em cima das pessoas. Idosos, grávidas, crianças de colo... todos correram tentando se proteger. Era apenas o começo de um dia de terror.

Os policiais foram entrando pelos barracos, enquanto ajudantes de uma empresa contratada retiravam os móveis e pertences dos moradores e empilhava tudo na rua central da ocupação. Foi nesse momento que aconteceu uma das cenas mais revoltantes que já presenciei. Uma senhora, indignada com a situação após ter sua porta estourada e seu fogão carregado, começou a gritar com os policiais. Cerca de cinco ou seis deles se juntaram, então, em torno dela. Havia chovido durante a noite e o chão de terra batida era só lama. A um sinal, enquanto um dos homens lhe deu uma gravata, outros a seguraram e a atiraram ao chão, em meio ao barro. Já sobre a lama, ainda foi agredida. Seu filho, que tinha no máximo treze anos à época, veio chorando desesperado defender a mãe. Foi imobilizado, algemado e posto na viatura.

No fim da manhã, com os barracos esvaziados e derrubados, começou a identificação dos pertences. Quem reconhecia os seus podia mandar para a casa de algum parente ou então para um galpão da prefeitura. Os pertences não reconhecidos foram queimados ali mesmo, diante de todos.[3] Mas o dano daquele dia era maior que o material e deixou sequelas para muita gente.

---

[3] Sei que não são todos os policiais que praticam toda a violência relatada acima. A generalização seria injusta. Ao longo de dezenas de negociações em reintegrações de posse, conheci vários que

O QUE APRENDI COM OS SEM-TETO?

Esse despejo me marcou não apenas por ter sido o mais violento dentre tantos que vi em duas décadas no Movimento do Trabalhadores Sem Teto – MTST, mas também porque eu morava naquela ocupação, o primeiro acampamento em que fui viver, aos vinte anos, quando decidi me dedicar à luta dos sem-teto por moradia e dignidade. Naquele período, estudava filosofia na Universidade de São Paulo e dividia o tempo entre os estudos e a atuação no movimento. Pouco depois, ainda no último ano da faculdade, comecei a dar aula de filosofia na Escola Estadual Maria Auxiliadora, em Embu das Artes. Vendo em retrospectiva, por mais que valorize muito meu aprendizado na faculdade e no ofício de professor, aprendi muito mais com a vida na ocupação. Eu saía das aulas de filosofia, no período noturno, e voltava para a ocupação, onde tinha então aula nas rodas de conversas, animadas pelos contadores de causos, em volta da fogueira. As histórias de vida do povo mais sofrido deste país são ensinamentos em carne viva sobre estratégias de sobrevivência, valores comunitários e muita, muita coragem.

A propósito, bem antes disso, o que me fez decidir ser professor foi também uma experiência com o povo numa

---

demonstraram muita dignidade. Vi, por exemplo, um soldado chorar e ir embora quando as máquinas começaram a derrubar casas num despejo, e outro cujo relato revelou que a mãe morava numa ocupação do MTST. Conheci um tenente-coronel, em Taboão da Serra, que arriscou sua posição ao colocar, na lista de meios que necessitava para cumprir uma reintegração de posse, um "alojamento individualizado para todas as famílias". Ou seja, a questão não é culpar os agentes policiais – ainda que existam aqueles que sadicamente se comprazem com a violência –, mas compreender que o modelo de segurança pública no Brasil é estruturalmente violento. Está condicionado a diferenciar cidadãos, que devem ser defendidos, e subcidadãos, tratados como alvos.

comunidade. Aos dezesseis anos de idade, participei de um projeto de alfabetização de jovens e adultos pelo método Paulo Freire, na favela do Flamengo, extremo norte de São Paulo. Ajudar pessoas a não somente ler palavras, mas a ler o mundo, e ver o saber que cada um traz consigo ganhar forma na escrita e na leitura são experiências únicas. Lembro-me dos olhos brilhando e das lições que recebi. Muitas vezes, o que move nossas escolhas são vivências e sentimentos – de revolta, solidariedade, esperança – mais do que planos racionais que fazemos.

A escolha pela militância é um ato de amor e indignação. Amor àqueles com quem convivemos, mas também a quem sequer conhecemos, através da identificação com seu sofrimento. A capacidade de sentir a dor do outro como se fosse nossa, de quebrar as barreiras da indiferença é o ponto de partida da escolha militante. E ela vem cheia de indignação contra quem faz sofrer e, sobretudo, contra o sistema que institucionaliza o sofrimento e a humilhação. Essas duas capacidades, a de sentir a dor do outro e a de se indignar, são as grandes fortalezas emocionais do militante socialista. Pois quantas vezes não pensamos em desistir? Quantas vezes nos sentimos num trabalho de Sísifo, enxugando gelo?[4] Em cada um desses momentos, o que me fez seguir em frente foram memórias como as do despejo de

---

4   Como conhecemos, na mitologia grega, quando o astuto Sísifo foi finalmente capturado por Zeus, acabou condenado a passar a eternidade empurrando uma pedra até o cume de uma montanha. Contudo, sempre que estava prestes a alcançar o objetivo, a pedra rolava montanha abaixo novamente. Assim, seu trabalho jamais cessava. Daí a expressão, usada hoje quando se diz que determinada tarefa é impossível de se cumprir.

O QUE APRENDI COM OS SEM-TETO?

Osasco e tantas outras que pude vivenciar; foi a esperança vinda dos exemplos das pessoas mais simples, que fizeram da solidariedade uma estratégia de resistência. Foi isso que me manteve de pé e a muitos dos meus companheiros nos momentos mais duros.

Os sem-teto são tratados como "subcidadãos", ou seja, como alguém considerado, na verdade, "um ninguém", ou pior, um estorvo que pode ser removido violentamente de onde vive, agredido e massacrado, sem que isso gere nenhuma compaixão. Os sem-teto valem menos do que um cão, ou um *pet*, como disse uma secretária de Desenvolvimento Social de Porto Alegre, ao comentar sobre uma praça da cidade onde se concentravam pessoas em situação de rua: "nós não vamos admitir uma praça que esteja cheia de morador de rua. É um lugar público, e as pessoas não podem levar seus filhos, seus *pets*. Não tem condições de se caminhar nem em uma calçada, porque uma pessoa se acha no direito de morar na rua". Apesar de bizarra, a declaração é reveladora de um pensamento comum na sociedade. Afinal, quantas pessoas não se amontoam com seus papelões e cobertores em calçadas, debaixo de marquises, diante da indiferença geral do público?

Ao longo da vida e, sobretudo, durante as campanhas eleitorais à Presidência da República e à Prefeitura de São Paulo, ouvi a pergunta: "por que você, que não é sem-teto, foi atuar no movimento sem-teto?" Alguns chegavam a insinuar que minha opção seria uma hipocrisia, uma utilização política da dor das pessoas. Sempre achei que a pergunta deveria ser: por que temos tanta dificuldade de nos mobilizarmos diante de um sofrimento tão grande e bem debaixo do nosso nariz? A questão, portanto, não deveria ser por que eu e outros militantes, muitos anônimos, decidimos dedicar a vida a essa luta, mas por que tanta gente naturaliza uma sociedade tão desigual. Isso não significa transformar essa opção de vida numa escolha moral superior, tampouco colocá-la, de forma arrogante, como o caminho que todos deveriam seguir. Existem muitas maneiras de expressar nossa sensibilidade pelo sofrimento dos demais e atuar pela transformação da sociedade. Todas elas são válidas.

Reaprender a sentir a dor do outro e a se indignar com ela. É isto que a vida numa ocupação nos ensina: a reeducar nossos sentidos contra a corrente dos tempos atuais. A maior lição que aprendi com os sem-teto é que não existe saída sem solidariedade. Um aprendizado humano, vivo, de como a dureza do cotidiano em condições de vida miseráveis pode coexistir com as manifestações solidárias mais autênticas. Talvez porque seja ali, no fundo do abismo social, que as pessoas percebam melhor o quanto precisam umas das outras. Gente machucada pela vida, desconfiada de tudo depois de tantos tombos, gente que chegou ao limite de não poder contar com mais ninguém. Mas que, justamente por isso, precisava desesperadamente da presença, do acolhimento e do apoio de quem estava ao lado. Assim são fundadas as comunidades. Em suma, a solidariedade verdadeira não nasce dos grandes salões de eventos filantrópicos, nasce da cooperação entre seres humanos nas condições mais difíceis.

Quando comecei minha militância no MTST, era um jovem estudante universitário. Mesmo tendo sido criado por pais incrivelmente generosos, não deixava de levar comigo aquela arrogância de quem acha que está destinado a ensinar, não a aprender. Trata-se de um vício comum daqueles que, como eu, vieram da classe média e

O QUE APRENDI COM OS SEM-TETO?

acabam carregando-o para a relação com gente do povo, na crença de serem donos de uma verdade que precisaria ser transmitida aos que ainda não a descobriram. Geralmente não é por má intenção, embora seja uma péssima prática. Enfim, todos pensam a partir de onde pisam, e comigo não era diferente. Nem imaginava que teria, nas ocupações, lições diárias vindas de quem mal sabia ler e escrever. Não me refiro a lições teóricas, e a maior parte delas sequer foi verbal: vieram, antes, da convivência e do exemplo. Lições sobre a importância da cultura popular e o papel da fé na vida das pessoas; sobre coerência com os próprios valores; e, acima de tudo, sobre solidariedade.

Lembro-me da primeira delas. Num domingo de março de 2003, o padre da região se dispôs a fazer um culto ecumênico, com outros religiosos. Caberia à coordenação do acampamento organizar a atividade e chamar os moradores. Na reunião da coordenação, fiz uma dura oposição ao culto. Tendo lido alguns livros marxistas, acreditava simplesmente que a religião era o ópio do povo, que o Movimento deveria enfrentar as pregações, em vez de abrir espaço para elas. Fui voto vencido, mas perturbei a turma e criei constrangimento com o próprio padre – padre Leo Dolan, um homem valoroso e comprometido com a luta popular. O culto ocorreu, estava lotado e reforçou o ânimo das pessoas e o senso de coletividade. Ali comecei a perceber que estava errado, mas a lição maior veio algumas semanas depois.

O Movimento fez uma manifestação na câmara municipal da cidade para pedir a destinação do terreno ocupado à moradia. Ao fim, ocorreu um conflito com a polícia e acabei sendo detido. Passei a noite na delegacia de Osasco, numa pequena cela, em meio a ameaças e agressões dos policiais. Lá pelas tantas da madrugada, recebi uma visita, que trouxe água, um sanduíche e apoio moral: era o padre Leo.

Não sei por onde ele anda, mas tive a oportunidade de conhecer, nessas quase duas décadas de atuação no Movimento, muitos religiosos exemplares. Vi, por exemplo, a saudosa Irmã Alberta Girardi mais de uma vez na linha de frente para resistir a despejos. Conheci também o pastor Hélio Rios, depois expulso da Igreja Metodista, participando de assembleias em ocupações na região do ABC, emocionando e estimulando as pessoas com cantos e trechos bíblicos. Certa vez, numa ocupação em São Bernardo, ele cravou: "Jesus foi o primeiro socialista", e explicou à assembleia lotada sua afirmação, remetendo-se a histórias do Novo Testamento. Ouvi isso muitas vezes depois, expresso de maneira brilhante pelo pastor Henrique Vieira. Em outra ocasião marcante, o grande padre Paulo Bezerra levou moradores da ocupação local à missa de domingo para que eles contassem suas histórias. Lembro-me ainda da atitude do padre Jaime Crowe, do Jardim Ângela, que, em uma noite fria de 2008, foi a um acampamento em praça pública, onde estávamos com mais de duzentas pessoas despejadas de uma ocupação, e animou o povo com suas palavras e renovou a esperança na luta. Pediu várias vezes aos presentes para repetirem em voz alta uma passagem do Antigo Testamento, então contextualizada para os imóveis abandonados e ocupados pelo Movimento: "Tomem posse da terra e habitem nela, pois Deus lhes deu essa terra para que vocês a possuam".[5]

---

5 BÍBLIA, A.T. "Números". *Bíblia sagrada on-line*. Cap. 33, vers. 53. Disponível em: https://www.bibliaon.com/numeros_33/. Acessado

O QUE APRENDI COM OS SEM-TETO?

Hoje, muitas das famílias ali presentes estão em suas casas conquistadas pelo MTST.

Com o povo das ocupações e essas figuras religiosas, aprendi, portanto, o quanto a fé é importante para quem não tem mais nada. É um esteio que faz com que as pessoas não desabem sob o peso da dura realidade. É evidente que ela pode ser instrumentalizada por "vendilhões do templo" para objetivos pouco louváveis, para semear intolerância e preconceitos e para promover o enriquecimento pessoal. Mas não é por meio da negação da religiosidade popular, ou pior, nos portando como "Cavaleiros do Iluminismo", que vamos conseguir enfrentar o fundamentalismo. Muito pelo contrário, ao se fazer isso, ranços são alimentados e se cria uma barreira quase intransponível para o diálogo. É preciso, antes de tudo, respeitar e aprender com a fé das pessoas.

Aprendi também com o povo sem-teto a perceber a tolice presunçosa do academicismo. É natural que alguém que adquiriu conhecimento teórico sobre um tema – ainda mais quando se trata da desigualdade social e da exploração das pessoas – tenha uma angústia de passar isso adiante, de transformar o conceito em ação. É um gesto de partilha, é verdade, mas inócuo se feito com a lógica da simples transmissão, da educação "bancária" – diria Paulo Freire. Nosso acesso às teorias se dá sempre a partir da nossa história, relacionando os novos conhecimentos com aqueles que adquirimos na caminhada. Isso vale ainda mais para quem não teve a oportunidade de estudo e leitura. Os conceitos são palavras vazias se não vêm associados com experiências de vida.

em: 18.03.2022.

GUILHERME BOULOS

Lembro-me de um curso de formação política – sobre a exploração dos trabalhadores – que organizamos na mesma ocupação de Osasco. Ali estavam as pessoas mais afetadas pela superexploração: serventes de pedreiro, operadores de *telemarketing*, faxineiros, ajudantes – as ocupações reúnem todos os tons da precarização do trabalho. Contudo, as pessoas simplesmente não se reconheceram em nossas explicações sobre a mais-valia. Talvez porque a metodologia não fosse a melhor, mas creio que essa falta de identificação tenha sido sobretudo porque o caminho da validação é o inverso: é a partir da sua história que as pessoas se reconhecem no conceito. Participou desse curso um jovem chamado Fabio, que, em suas aulas no supletivo, estava lendo *Morte e vida severina*, de João Cabral de Melo Neto. Vi o livro com ele e pedi que lesse alguns versos para a turma. No começo, não despertou muito interesse nos presentes, até chegar numa passagem que fez Dona Ana se lembrar de sua história de retirante. Então, as pessoas, que estavam caladas e de algum modo constrangidas por não estarem entendendo o poema, tomaram a frente e começaram a falar de suas histórias. Em menos de uma hora já estávamos falando sobre exploração do trabalho, e cada um tinha uma história para contar. Para se entender o conceito de mais-valia, foi um passo. Essa noite rendeu e terminou com uma roda de contação de causos em torno da fogueira da ocupação. Estimulamos Fabio a organizar uma apresentação teatral de *Morte e vida severina*, que foi uma verdadeira catarse coletiva, numa audiência cheia de Severinos retirantes.

Certa vez, o saudoso Plínio de Arruda Sampaio participou de um curso que organizamos com moradores da ocupação Chico Mendes, em 2005, a partir de uma cartilha sua sobre

O QUE APRENDI COM OS SEM-TETO?

"poder popular". Estávamos fazendo a leitura coletiva da cartilha, quando apareceu a palavra "postergar". Seu Gil, coordenador de um dos grupos da ocupação, perguntou ao Plínio: "o que é postergar?" Plínio deu a resposta: "é adiar, companheiro". Ao que Seu Gil retrucou: "então por que o senhor não escreveu 'adiar'?" Plínio pensou e deu a resposta certeira: "é porque a gente, às vezes, quanto mais estuda, mais burro fica". Todos riram. Mas por trás da brincadeira – que não deve ser confundida com qualquer apologia ao anti-intelectualismo dos tempos atuais – havia um profundo respeito à sabedoria popular. De que serve nosso conhecimento transformador se não somos capazes de construí-lo e partilhá-lo com as pessoas?

Nessa mesma ocupação, conheci Dona Railda, uma senhora já com seus setenta anos. Carinhosamente apelidada de Vó Railda, ela tinha trabalhado a vida toda como empregada doméstica. Ainda assim, sua renda não dava para comer, pagar as contas e o aluguel, por isso foi para a ocupação. Mulher carismática e guerreira, logo tornou-se um símbolo. Estava na linha de frente de todas as manifestações, debaixo de chuva e sol, ignorando todos os conselhos e pedidos que fazíamos para se preservar.

Um dia, com ordem de despejo e sem qualquer solução à vista, o povo da ocupação decidiu acampar em frente ao palácio do governo. Um grupo de oito militantes acorrentou-se nas grades do palácio, com a promessa de só sair de lá quando houvesse solução. Imaginem qual foi a comoção quando Vó Railda arrumou, sabe-se lá onde, um pedaço de arame e se acorrentou junto aos demais militantes. Todos, ainda que tocados com o gesto, pediram para que ela não ficasse. A tática do acorrentamento é difícil: as pessoas não saem dali até ter resultado, o que significa dormir em condições precárias, higienizar-se com lenços umedecidos por dias e fazer suas necessidades em penicos improvisados. Era duro demais para alguém com setenta anos de idade. Fui falar com ela, mas em vão. Nada dissuadia Dona Railda, que ficou os onze dias que o acorrentamento durou. Na verdade, era a mais animada, mesmo quando o cansaço começou a bater no grupo. Baiana, doméstica, analfabeta, ela deu a maior lição de radicalidade que tive na vida. Ser radical é ir até o fim naquilo que acreditamos, muitas vezes com sacrifícios. O que Dona Railda nos ensinou a todos com aquele gesto é que a solidariedade exige compromisso. Até onde estamos dispostos a assumir riscos? No fim do dia, tudo é uma questão de saber se estamos dispostos a pagar o preço de nossas escolhas.[6]

Nesse caso, precisamos falar de Silvério de Jesus. Silvério era mais um homem simples e anônimo das periferias de São Paulo. Poderia ser João ou José. Nordestino pacato, funileiro de carros, desde bem cedo entendeu a importância de lutar pela comunidade. Entrou para a associação de moradores e ia sempre à câmara municipal buscar melhorias para o bairro. As portas, porém, não se abriam. Percebeu, aliás, que elas não se abririam pela própria inércia do poder público. Procurou outras pessoas de comunidades vizinhas para reivindicarem juntos aquilo que era direito deles, saneamento básico, creche, saúde pública, moradia. Foi aí que conheceu o Movimento dos Trabalhadores Sem

---

6 Um dos dias mais emocionantes de minha vida foi quando entreguei para ela a chave do seu apartamento, no Conjunto João Cândido, conquistado pelo MTST. Hoje, com mais de setenta anos, Dona Railda segue lá, usufruindo de sua conquista mais do que merecida.

O QUE APRENDI COM OS SEM-TETO?

Teto. Juntou sua persistência e vontade de ajudar com a capacidade de mobilização do movimento social. Ninguém segurava mais o Silvério.

Convivi alguns anos com ele, mas só o conheci de verdade num dia em que fomos distribuir alimentos nas comunidades para pessoas desempregadas. Havíamos recebido uma doação e a levamos pessoalmente na casa daqueles que conhecíamos a necessidade. Era junho de 2005. Terminamos o dia cansados e fomos até a casa de Silvério. Lá percebi que a mesa e a dispensa estavam vazias. Havia um pacote de arroz e outro de feijão a fazer, nada mais. Ele havia passado o dia levando comida a quem precisava e não guardou uma única cesta básica para si. Briguei com ele: "por que você não falou?" "Tinha gente precisando mais", foi sua resposta. No dia seguinte, mandamos uma compra para ele, que, relutantemente, aceitou. O homem era orgulhoso, além de tudo. Silvério era o tipo de gente que comprova que as maiores lições de solidariedade vêm do povo. Que Bill Gates destine alguns bilhões de sua fortuna para projetos sociais na África é bom e até louvável, considerando o padrão ético dos donos do planeta. Agora, Silvério distribuir comida sabendo que faltará na sua mesa é um gesto de grandeza infinitamente maior.[7]

A solidariedade entre os pobres é um fenômeno autêntico. Envolve uma identificação de classe. Resgata o enraizamento

---

[7] Em um fim de tarde de março de 2008, no ponto de ônibus, indo para a favela de Paraisópolis, Silvério sofreu um infarto fulminante. Nunca tive a oportunidade de dizer a ele em vida o quanto me inspirou. Uma ocupação do MTST recebeu o nome de Silvério de Jesus em sua homenagem.

das relações comunitárias que foram destruídas pela vida urbana frenética nas metrópoles do capital. Nas ocupações dos sem-teto, isso fica muito evidente nas cozinhas coletivas. São espaços onde se alimentam centenas de pessoas diariamente, tudo movido pelo trabalho voluntário e por doações. O princípio básico é que comida não se nega, independentemente de a pessoa ter podido doar ou não alimentos para a cozinha. O clima é de ajuda mútua e de proteção aos mais vulneráveis: as crianças se alimentam primeiro, pessoas com dificuldade de locomoção recebem o prato no seu barraco e todos cooperam ao seu modo. De cada um, segundo suas capacidades; a cada um, segundo suas necessidades.

Descobri também nas ocupações que a solidariedade é um vínculo de mão dupla, uma verdadeira relação de ganha-ganha. O ato de ajudar alguém que precisa faz com que as pessoas se sintam valorizadas e úteis. Ao contrário, a "voz interior" que lembra aos humilhados a toda hora sua condição de subcidadão – alguém invisível e irrelevante – provoca destruição subjetiva. Deprime, diminui, "te faz sentir um ninguém", nas palavras de uma sem-teto. Assim, quando alguém encontra pessoas com sofrimento e necessidade ainda maiores do que os seus, nasce a empatia. Ao ajudá-las, vem um sentimento de reconhecimento. Na pesquisa que realizei em ocupações de São Paulo com pessoas que relatavam sintomas depressivos, o resultado trazido por atos de solidariedade era surpreendente.

Impressiona a quantidade de pessoas que viram seus sintomas de depressão e ansiedade desaparecerem a partir da convivência coletiva e atividades de cooperação. Gente que estava sozinha, humilhada, abatida e que foi à ocupação em busca de teto, não remédio, ao chegar lá e se envolver nas

O QUE APRENDI COM OS SEM-TETO?

cozinhas coletivas, nos mutirões, nas assembleias, simplesmente virou a chave. Muitos reaprenderam a se valorizar, encontraram reconhecimento nos outros e recuperaram seu brilho próprio.

Nunca vou esquecer o que uma mulher sofrida – havia passado por episódios duros de depressão – me disse certa vez numa ocupação da zona leste de São Paulo: "eu comecei a ver que não sou só eu que tenho problemas, as outras pessoas também têm. Algumas têm problemas piores do que o meu, então eu comecei a me superar. Aí eu descobri que eu posso ser útil em muitas coisas, e é que nem eu falei para as meninas, eu posso ser a presidente do Brasil, posso ser o que eu quiser hoje". Esse depoimento é a demonstração de quantos potenciais a desigualdade e a falta de oportunidade matam. Se pessoas que sempre encontraram portas fechadas tiverem um estímulo, um espaço social em que sejam valorizadas e possam construir relações humanas de alteridade, elas se libertam. A solidariedade também "cura". E empodera.

O caso de Dona Lucia mostra isso. Era uma senhora calada que, quando chegou à ocupação, parecia carregar nas costas todas as dores e humilhações de uma vida dura. Tinha receio até de pedir uma informação, se desculpava por tudo e sofria daquele sentimento de inferioridade que nossa sociedade impõe aos oprimidos. Foi se abrindo com o tempo, fez amizades, ajudou na cozinha coletiva. Aos poucos, até sua postura, antes curvada e com os olhos voltados para o chão, se modificou. Certo dia, eu estava na prefeitura de Taboão da Serra para uma reunião sobre as soluções para aquela ocupação, e era possível ouvir o que se passava na sala ao lado, onde ficava o guichê de atendimento. Qual não foi a minha satisfação de ouvir Dona Lucia, após respostas evasivas e grosseiras sobre o seu cadastro habitacional, bater no balcão e gritar: "se vocês não me atenderem direito, eu vou chamar todo o pessoal do Movimento para vir aqui fazer uma passeata!" Ela não estava mais sozinha e tinha aprendido a brigar por seus direitos.

O aprendizado que a luta traz vale para toda a vida. Lembro-me de quando o MTST teve uma de suas primeiras conquistas de moradia, o condomínio João Cândido, onde mora a Vó Railda, aliás. Foi uma conquista e tanto: apartamentos com três dormitórios, varanda e o primeiro empreendimento popular do programa Minha Casa Minha Vida[8] a ter elevador. Logo na primeira semana após a mudança, o elevador de um dos prédios quebrou. Apesar de estar na garantia, a empresa fornecedora ignorou todos os pedidos dos moradores para que se fizesse o conserto. Eram oito andares, e havia muitos idosos vivendo ali. A turma chamou então uma assembleia do condomínio e pediu para que eu participasse. Começou uma discussão do que fariam, um sugeriu um abaixo-assinado, outra uma denúncia no Procon. Até que um senhor lá no fundo levantou a mão e disse: "nós chegamos até aqui com luta, não foi? Então, vamos juntar todo mundo e fazer uma manifestação na empresa do elevador!" A proposta foi aclamada pela assembleia e, na manhã seguinte, a empresa recebeu a visita dos moradores. De tarde, o elevador já estava consertado.

---

[8] O programa Minha Casa Minha Vida (MCMV) é considerado o maior programa de acesso à casa própria criado no Brasil. Criado em 2009, no segundo governo Lula, viabilizou a construção de mais de cinco milhões de casas.

O QUE APRENDI COM OS SEM-TETO?

Ouvi de muita gente, quando falava do Movimento, que as pessoas, depois que ganhassem sua casa, deixariam toda aquela luta para trás e se comportariam simplesmente como proprietários. É verdade que alguns fazem isso, mas nem de longe a maioria. Quantos não foram os casos de gente que, após conquistar sua moradia, seguiu no Movimento para ajudar quem ainda não tinha conseguido. Quantas não foram as pessoas que seguiram e seguem, religiosamente, todas as manifestações dos movimentos sociais na Avenida Paulista. Passou-se um ano, e seguiram. Passaram-se cinco anos, e seguiram. Passaram-se dez anos, e muitos seguiram. A luta e o trabalho coletivo reeducam as pessoas. Esse aprendizado o tempo não apaga.

Por trás das paredes frágeis de um barraco, existem histórias de vida extraordinárias. Histórias de sofrimento e superação. E acima de tudo, histórias de solidariedade. Ao superarmos o preconceito e nos dispormos a aprender com elas, tornamo-nos mais humanos.

A ENCRUZILHADA
DA PANDEMIA

As tragédias humanas são frequentemente pontos de virada. Fazem com que nos deparemos, frente a frente, com a fragilidade da existência, com essa íntima desconhecida que é a morte. Freud supunha que, inconscientemente, atuamos como se fôssemos imortais, já que a crença na própria morte é muito dolorosa para que possamos suportá-la. Quando nos vemos diante da transitoriedade da vida, reagimos então, nos diz Freud, de duas formas distintas: ou com amargura, ou com rebeldia contra essa pretensa fatalidade. Nos dois casos, há uma desvalorização da vida. Mas não deveria ser assim, prossegue ele: "pelo contrário, as limitadas possibilidades de gozar dessa beleza a tornam ainda mais preciosa".[9]

Há inúmeros relatos de pessoas que estiveram no limiar da morte e fizeram justamente essa ressignificação da vida. São casos de pessoas que "voltam" de paradas cardíacas ou respiratórias e até mesmo de quadros de morte cerebral. Há quem tente explicar essas ocorrências a partir de crenças espiritualistas, dados os relatos de visões de alguns dos pacientes durante o coma. A psiquiatria e a neurociência, por sua vez, agrupou esses casos sob o nome de "experiências

---

[9] FREUD, Sigmund. "A transitoriedade" [1916]. *In:*_____. *Obras completas*. vol. 12. Trad. Paulo César de Souza. São Paulo: Companhia das Letras, 2010, p. 248.

de quase-morte", ou a sigla EQM, explicando-os a partir de alterações nos gases sanguíneos e de alucinações tóxicas. O fato é que há algo em comum entre as pessoas que se depararam com a morte: o efeito dessa intensa experiência sobre o comportamento posterior. Segundo o pesquisador Bruce Greyson, da Universidade da Virgínia, entre as transformações pessoais frequentemente relatadas estão a "ampliação da preocupação com outras pessoas", a "valorização da vida" e a diminuição da "competitividade".[10] Ou seja, a proximidade da morte torna as pessoas eticamente mais solidárias, operando um ponto de virada.

Se observarmos bem, psicologicamente, isso faz todo sentido. Em nossa vida, somos tragados a todo momento por pequenas disputas e egoísmos que, vistos sob a perspectiva da nossa finitude, não têm a menor relevância. Frequentemente gastamos a maior parte do nosso tempo com coisas menores, como se tivéssemos um tempo infinito. É a isso que Freud se refere quando diz que nos comportamos como se fôssemos imortais. É a isso também que se refere o verso da canção: "é preciso amar as pessoas como se não houvesse amanhã". A proximidade da morte nos desperta, às vezes tardiamente, para outro olhar sobre a vida.

O relato de Pepe Mujica, no documentário *El Pepe: uma vida suprema*, vai ao encontro dessa mesma ideia. Segundo ele, os anos de prisão política lhe ensinaram a viver de outro modo. Nas suas próprias palavras:

---

10 GREYSON, Bruce. "Experiências de quase-morte: implicações clínicas". *Revista Psiquiatria Clínica*, São Paulo, n° 34 (supl. 1), 2007, pp. 116-125.

A ENCRUZILHADA DA PANDEMIA

Muito do que eu digo hoje nasceu da época de solidão na prisão. Eu não seria quem sou hoje. Eu seria mais fútil, mais frívolo, mais superficial. Mais ligado ao sucesso, mais imediatista. Mais agressivo. Provavelmente, mais seduzido pelo sucesso. Mas tudo isso, que não sou hoje, talvez eu seria se não tivesse vivido aqueles mais de dez anos de grande solidão.[11]

Na prisão, esteve, mais de uma vez, às raias da morte e da loucura. Mujica e outras nove lideranças do Movimento de Liberação Nacional – Tupamaros (MLN-T) foram submetidos a constantes torturas físicas e psicológicas. Passaram boa parte do tempo de cárcere em solitárias sem ventilação, nem latrina, nem colchão. Foram privados de comida e água. "Para continuarmos vivos, tínhamos que pensar e repensar muito. Devemos muito aos anos de solidão", afirma ele em outro trecho do documentário mencionado. Na sequência, acrescenta: "vou dizer algo que pode parecer cruel, mas que o homem aprende muito mais com dor e sofrimento do que com vitórias e coisas fáceis".

Mujica só voltou à liberdade com o fim da ditadura. Mas o homem que deixou a prisão, definitivamente, não era o mesmo que havia entrado mais de uma década antes. A dor e o cheiro da morte mudaram sua percepção da vida. Vinte e cinco anos depois, Pepe Mujica venceu as eleições e se tornou o presidente mais popular do Uruguai. Também ficou mundialmente conhecido por ser o líder político mais desapegado de riquezas, praticamente um estoico. As durezas da prisão foram seu próprio ponto de virada.

---

[11] EL PEPE: uma vida suprema. Direção: Emir Kusturica. Netflix, 2018. 1h15min.

Mesmo como presidente, andava com seu fusca azul e nunca deixou de morar numa granja simples, nos arredores de Montevidéu. Mandou vender a casa presidencial em Punta del Este e doava 70% dos seus ganhos para a construção de casas populares. Quando deixou a presidência, suas doações somavam cerca de meio milhão de dólares. "Eu não sou pobre, eu sou sóbrio, de bagagem leve. Vivo com apenas o suficiente para que as coisas não roubem minha liberdade". É isso o que costuma dizer quando perguntam sobre seu modo simples.

Enfim, retomando nosso ponto, as grandes tragédias podem nos trazer grandes aprendizados. E, sem dúvida, o que vale para as provações individuais vale também para as sociedades. Uma tragédia coletiva que faça o barco da morte chocar-se contra o cotidiano – invertendo o poema de Maiakovski – torna a sociedade mais aberta a repensar suas escolhas. Para o bem ou para o mal. Uma guerra, um atentado, um desastre natural ou mesmo uma pandemia. É o que nos diz a história, e também a literatura. Quando o médico Bernard Rieux deixa seu consultório e tropeça em um rato morto, o leitor de *A Peste*, de Albert Camus,[12] se depara com o primeiro sinal de que a pequena cidade de Orã, na costa da Argélia, começava a mergulhar no caos provocado por uma epidemia de peste bubônica. Colocada em quarentena, a cidade é devastada por mortes e sofrimento. (O romance, escrito há quase oitenta anos, chega a soar premonitório). Mas a epidemia que levou dor aos cidadãos locais também abriu caminho para atitudes de compaixão e solidariedade entre as pessoas.

---

12 CAMUS, Albert. *A Peste*. 25ª ed. Rio de Janeiro: Record, 2019.

Outros paralelos entre o romance de Camus e a nossa realidade podem ser traçados. Assim como vimos na atitude de lideranças políticas como Bolsonaro, o governo de Orã demora a agir e a reconhecer o perigo iminente. Ao negligenciar a epidemia, acaba por condenar a cidade a um número muito maior de mortes. O livro também aprofunda o debate sobre a reação humana diante de um inimigo invisível que embaralha o jeito como as pessoas costumavam viver. Abre-se, assim, uma brecha para o cidadão repensar o seu modo de vida e seus valores. A sociedade do consumo é posta em xeque. Afinal, de que vale toda a importância que se dá aos bens materiais quando se vive sitiado com a morte à espreita? A transitoriedade da vida, no tempo e no espaço, é posta a nu.

O que Albert Camus nos oferece em sua obra-prima é uma história que retrata o horror e, ao mesmo tempo, o poder de resistência do ser humano. Para além da epidemia, sua poderosa narrativa também faz uma analogia com a então ocupação nazista na França, durante a Segunda Guerra Mundial. Tal qual os cidadãos de Orã, os franceses se viram num território sitiado, sem liberdades e com a ameaça constante de morte. E daí fizeram brotar a resistência.

Diante da pandemia do novo coronavírus e da ascensão de governos de extrema-direita, é quase impossível pensar numa obra literária que seja tão atual e relevadora.

A doutrina do choque e as epidemias brasileiras

Se pusermos na ponta do lápis, as crises sociais têm sido aproveitadas, grosso modo, para impor retrocessos civilizatórios. Em seu livro *A Doutrina do choque: a ascensão do capitalismo de desastre*, de 2007, a canadense Naomi Klein fez uma releitura de como a agenda de destruição dos direitos sociais se aprofundou e praticamente monopolizou o debate econômico mundial na esteira de um amplo leque de crises, do golpe de Pinochet, no Chile, em 1973, ao furacão Katrina, nos Estados Unidos, em 2004, passando pelos atentados de 11 de setembro.

Assim resume Klein:

> Esse choque pode ser uma catástrofe econômica. Pode ser um desastre natural. Pode ser um ataque terrorista. Pode ser uma guerra. Mas a ideia é que essas crises, esses desastres, esses choques abrandam sociedades inteiras. Deslocam-nas. Desorientam as pessoas. E abre-se uma "janela" e a partir dessa janela se pode introduzir o que os economistas chamam de "terapia do choque econômico".[13]

Quando um país ou o mundo todo passa por uma crise, e as sociedades ficam abaladas, meio sem rumo, é o momento da imposição selvagem de medidas econômicas que não seriam aceitas em situação normal, quase sempre se usando argumentos como a "salvação da economia" ou até, incrivelmente, o "fortalecimento do ambiente democrático".

---

[13] KLEIN, Naomi. "La doctrina del shock de Naomi Klein". [Entrevista concedida a] Amy Goodman. *La Haine*, 27 set. 2007. Disponível em: https://www.lahaine.org/mundo.php/ligla_doctrina_del_shockl_ig_de_naomi_kl. Acessado em: 17.03.2022. Cf. também: KLEIN, Naomi. *A Doutrina do choque*: a ascensão do capitalismo de desastre. Rio de Janeiro: Nova Fronteira, 2007.

A ENCRUZILHADA DA PANDEMIA

Palavras numa direção, ações noutra – algo parecido com a situação em que um carro dá seta para a esquerda, mas vira o volante para a direita.

A essência da doutrina do choque é atuar no momento em que as pessoas estão mais vulneráveis. O economista Milton Friedman[14] foi um dos seus expoentes. Defensor ferrenho de um Estado que só tivesse o papel de gerir contratos e cuidar das fronteiras, propunha que todo o restante deveria ser empurrado para as mãos do mercado.

De mãos dadas quase sempre com governos conservadores, Friedman foi espalhando suas ideias mundo afora. Nos Estados Unidos, foi conselheiro dos republicanos Richard Nixon, Ronald Reagan e George W. Bush. Margareth Thatcher, na Inglaterra, também ouvia seus conselhos. Mas seu desembarque mais retumbante foi em terras chilenas, durante a ditadura de Augusto Pinochet, para fazer aquele que entraria para a história como o mais avançado laboratório da doutrina do choque.

Em 1970, os chilenos elegeram o socialista Salvador Allende para a Presidência da República. De acordo com as leis do país, como ele não havia alcançado a maioria absoluta dos votos, sua vitória teve de ser ratificada pelo Congresso, que exigiu uma série de emendas constitucionais. A direita e os militares chilenos tinham medo de Allende, assim como a CIA e o governo americano. "Façam com que a economia chilena grite de dor", ordenou Richard Nixon, na Casa Branca. Três anos depois, em 11 de setembro de

---

[14] Milton Friedman (1912-2006): economista, estatístico, escritor e professor na Universidade de Chicago por mais de três décadas.

GUILHERME BOULOS

1973, com o Palácio Presidencial cercado, Salvador Allende foi morto após resistência heroica, e, sob a benção da CIA, o general Augusto Pinochet chegou ao poder. Foi o início de uma longa noite de dezenove anos. Uma ditadura marcada pela caça implacável aos opositores e por milhares de mortes. E os gritos de dor não vinham apenas das celas de tortura, mas também da economia, como exigia Nixon.

Em março de 1975, Milton Friedman foi até Santiago para convencer o ditador a dar mais espaço a seus discípulos, que até então só ocupavam cargos técnicos menores, como mostra o documentário *Chicago Boys*. "Foi quando convence a Pinochet e lhe diz a famosa frase de que as medidas devem ser tomadas de forma radical, porque é melhor cortar o rabo do cachorro de uma só vez do que em pedacinhos", diz Fuentes.[15] Na sequência, complementa:

> A partir desse momento, seus pupilos começaram a ocupar as primeiras linhas de ministérios e de diversas instituições, como o Banco Central. Não havia nenhum tipo de oposição a suas medidas radicais, que numa democracia não poderiam ter implementado.[16]

O caso chileno é um retrato fiel da doutrina do choque. Na história contada pela literatura liberal, o país foi um exemplo de modernização da economia. O Chile sempre foi um *case* para o currículo de Milton Friedman. Mas como

---

15 CHICAGO boys. Direção: Carola Fuentes e Rafael Valdeavellano. Chile, 2015. 1h25min.

16 CHICAGO boys. Direção: Carola Fuentes e Rafael Valdeavellano. Chile, 2015. 1h25min.

A ENCRUZILHADA DA PANDEMIA

Naomi Klein relata, a terapia do choque econômico só pôde vir com o golpe contra a democracia e a desorganização da sociedade. O *case* de Friedman se fez com sangue, mortes e perda de direitos de trabalhadores.

Demorou, mas, décadas depois, foi a vez do povo chileno, aos milhões, gritar nas ruas para derrubar o mito do sucesso neoliberal e exigir uma nova Constituição que pudesse superar os retrocessos impostos às maiorias. Em 2021, o país elegeu Gabriel Boric, jovem militante de esquerda, para a presidência. O capítulo mais recente da batalha do Chile dá esperança de dias melhores.

Mas o uso de tragédias ou golpes para impor retrocessos sociais não foi invenção dos neoliberais de Chicago. A estratégia vem de longe. Já enfrentamos muitas epidemias antes da COVID-19, e, historicamente, as crises sanitárias foram utilizadas como pretexto para aprofundar o abismo social. As epidemias do século XIX deram vazão ao higienismo, ideologia de segregação urbana que deixou fortes marcas, inclusive em território brasileiro.

Como doutrina sanitária, os médicos higienistas tinham o inegável bom propósito de melhorar as condições de saúde pública nas principais cidades do mundo. Como ideologia, no entanto, o higienismo serviu para tirar pobres e trabalhadores das regiões centrais das cidades. Ou, como se dizia à época, agiu para remanejar, no espaço urbano, as ditas "classes perigosas".

Em Paris, por exemplo, o Barão de Haussmann entrou para a história francesa como o "artista demolidor". Sob a premissa de modernizar a cidade e melhorar as condições sanitárias, ele demoliu antigas ruas, comércios e moradias populares que existiam no centro de Paris, dando lugar a largas avenidas e bulevares. O novo mapa da capital francesa, ao jogar os trabalhadores para fora do centro, também cumpria o propósito de inibir revoltas populares. Com as vias alargadas, ficava mais difícil erguer barricadas para protestos e levantes, tão comuns na França do século XIX. O que Haussmann fez foi expulsar os pobres e urbanizar o centro de Paris para uma abastada burguesia. No entorno do Arco do Triunfo e suas doze largas avenidas, o espaço foi ocupado por grandes mansões, e a especulação imobiliária viveu sua época de ouro. Tudo em nome da saúde pública no combate às epidemias.

O Brasil seguiu os passos franceses. Os cortiços nos centros das cidades – que eram quase a única opção de moradia para pessoas negras livres ou recém-libertas – tornaram-se os culpados pelas mazelas e epidemias que passaram a assolar o país em meados do século XIX. Em 1850, a febre amarela chegou ao Brasil e provocou um elevado número de mortes. Cinco anos depois, foi a vez da cólera se espalhar pelos principais centros urbanos. O medo provocado pelas epidemias colocou a questão do meio urbano salubre como prioridade administrativa do fim do período imperial. Mas havia um foco específico: as condições de higiene das habitações coletivas. Os cortiços viraram, então, o inimigo preferencial.

A lógica tinha um evidente caráter racista, a começar pelas epidemias eleitas como prioritárias para o enfrentamento. Como observa o historiador Sidney Chalhoub:

> A febre amarela, flagelo dos imigrantes que, esperava-se, ocupariam o lugar dos negros nas lavouras

A ENCRUZILHADA DA PANDEMIA

do sudeste cafeeiro, tornou-se o centro dos esforços médicos e autoridades. Enquanto isso, os doutores praticamente ignoravam, por exemplo, uma doença como a tuberculose, que eles próprios consideravam especialmente grave para a população negra do Rio.[17]

Assim, na esteira dessa lógica discriminatória, durante os anos de crise aguda de saúde pública na cidade carioca, a tuberculose matou muito mais do que qualquer outra das doenças epidêmicas. Percebe-se, logo, que a preocupação não era com a saúde de todos. Na verdade, "tratava-se de combater as doenças hostis à população branca, e esperar que a miscigenação e as moléstias reconhecidamente graves entre os negros lograssem o embranquecimento da população".[18]

Com o fim do Império, foi criada uma Inspetoria Geral de Higiene que, em 1892, recebeu carta branca para fechar qualquer cortiço do Rio de Janeiro em quarenta e oito horas, se assim julgasse necessário a partir de suas rondas de fiscalização. O então prefeito do Rio, Barata Ribeiro, agia sob a cartilha de higienismo. Com o claro objetivo de eliminar os cortiços do centro carioca, em 1893, montou uma operação de guerra para demolir o Cabeça de Porco, o mais célebre cortiço que havia na cidade, chegando a servir de moradia para quatro mil pessoas. As famílias que ainda resistiam ao despejo foram retiradas à força, e muitos moradores do local nem tiveram tempo de tirar móveis e pertences antes de tudo virar escombros. Sem ter para aonde ir, subiram o

---

[17] CHALHOUB, Sidney. *Cidade febril*: cortiços e epidemias na Corte imperial. 2ª ed. São Paulo: Companhia das Letras, 2017, p. 11.

[18] CHALHOUB, Sidney. *Cidade febril*: cortiços e epidemias na Corte imperial. 2ª ed. São Paulo: Companhia das Letras, 2017, p. 11.

morro localizado logo atrás da área do cortiço, escrevendo a história das favelas na cidade.

Mais que simbólica, a vitória higienista no Cabeça de Porco era um negócio lucrativo. Assim como em Paris, havia um forte interesse na reurbanização do centro da cidade, tirando os pobres e aquecendo o nascente mercado imobiliário. Foi, no entanto, no início do século XX que o processo de demolição dos cortiços ganhou escala, na gestão de Pereira Passos. Ele foi o prefeito da "Operação Bota-Abaixo", expressão que, por si só, sintetiza a maneira autoritária com que lidou com os milhares de moradores das habitações coletivas. Truculento, Passos dizia se inspirar em Haussmann.

Em São Paulo, o higienismo e a referência francesa também serviram de inspiração para se construir uma espécie de cordão sanitário frente ao risco das epidemias. Na virada do século XIX para o XX, a vida paulistana acontecia no entorno da Estação da Luz, no centro da cidade, por onde chegavam mercadorias vindas do interior ou do Porto de Santos. Com o tempo, a estação e o seu entorno também viraram a porta de entrada para doenças.

Foi o que aconteceu com a peste bubônica, que chegou ao país em 1899, provocando uma grave epidemia. Com a ameaça da peste, as premissas higienistas ganharam força, com respaldo das autoridades e das famílias mais abastadas. Era preciso erguer uma barreira de proteção, e isso foi feito com a criação de dois bairros planejados para abrigar a elite paulistana. Um é o Campos Elísios, inspirado na avenida Champs-Élysées, de Paris. O outro é Higienópolis, a cidade da higiene, que surgiu de um empreendimento privado, também importado da França, com a construção de um loteamento de alto padrão com água encanada e sistema de esgoto. Higienópolis, até hoje o bairro mais elitizado de São Paulo, foi um dos efeitos da reação segregadora a uma epidemia.

Para o bem ou para o mal

Como vimos, é verdade que a história nos ensina que grandes crises já foram usadas para aprofundar desigualdades, mas – é preciso salientar – esse não é um destino inexorável. A encruzilhada imposta pela pandemia do novo coronavírus pode nos levar a outros caminhos.

A pandemia desmascarou, por exemplo, o mito da onipotência do "deus mercado". Em editorial publicado em abril de 2020, o *Financial Times*, conhecido por ser o jornal de Wall Street, admitiu que é preciso rever a carta branca dada ao mercado. Entre outras coisas, o editorial dos banqueiros diz o seguinte:

> Reformas radicais – invertendo a direção política predominante das últimas quatro décadas – precisarão ser colocadas na mesa. Os governos terão de aceitar um papel mais ativo na economia. Eles devem ver os serviços públicos como investimento, e não como passivo, e procurar maneiras de tornar o mercado de trabalho menos inseguro. A redistribuição estará novamente na agenda [tradução nossa].[19]

---

[19] FINANCIAL TIMES. *Virus lays bare the frailty of the social contract.* 3 abril 2020. Disponível em: https://www.ft.com/content/7eff769a--74dd-11ea-95fe-fcd274e920ca. Acessado em: 17.03.2022.

O mercado deixado à própria sorte levou a uma onda de especulação nos preços de produtos imprescindíveis para salvar vidas num momento tão delicado e de alto risco para a espécie humana. Manipular preço de respiradores, equipamentos de proteção individual e até do álcool em gel é o resultado mais fiel da lógica de mercado que vimos operar, a sangue frio, logo no início da pandemia.

No Rio de Janeiro, dois hospitais privados aumentaram em até 900% o valor da consulta na emergência com um clínico geral. É o que eles passaram a chamar cinicamente de "pacote COVID". No Hospital Irajá, o atendimento saltou de R$ 500 para R$ 5 mil por um período de até seis horas. Ao vencer o período, cobram outros R$ 5 mil. O ex-ministro da Saúde do governo Temer e líder de Bolsonaro na Câmara, Ricardo Barros, foi à CNN defender um socorro público aos hospitais privados. Seu discurso é revelador da lógica que coloca o lucro acima da vida. Na ocasião, reclamou que os hospitais perderam pacientes pela diminuição dos acidentes de carro, devido à quarentena. E, acrescentou, os "clientes COVID" não renderam o esperado. A pandemia, portanto, desnudou a perversidade sistêmica como nunca. E o novo cenário exigiu respostas fora da cartilha.

O Estado, tratado nas últimas décadas como um pária, um mal a ser combatido, retomou seu protagonismo. Em várias partes do mundo, reorganizou a produção industrial, como a conversão da indústria têxtil para produzir EPIs ou da metalúrgica para respiradores. Partiram das universidades públicas as iniciativas de criação de tecnologias mais baratas para a fabricação de ventiladores mecânicos. Governos de todo o planeta garantiram renda básica aos cidadãos, para possibilitar o isolamento, e capital de giro para pequenas

A ENCRUZILHADA DA PANDEMIA

empresas e comércios. O papel do investimento público, que antes era o grande vilão na opinião de nove entre dez economistas, virou de repente a salvação. O liberalismo se escondeu no armário, um tanto envergonhado.

Outra mudança sensível na mesma direção foi o reconhecimento da importância dos sistemas universais de saúde pública. Por aqui, o SUS era tratado como a imagem da ineficiência e do Estado pesado, criado por uma Constituição que "não cabe no orçamento". Hoje, a importância e o reconhecimento da eficiência do SUS se tornaram consenso nacional. Os profissionais da saúde pública receberam ondas de aplausos nas janelas das casas, tanto nas capitais quanto nas cidades do interior do país.

No Reino Unido, o primeiro-ministro Boris Johnson, líder conservador e um dos responsáveis pela vitória do Brexit, fez um testemunho em defesa do NHS, o serviço público de saúde inglês. Contaminado pelo novo coronavírus no final de março de 2020, ele passou dias internado em uma UTI em Londres. "Nunca agradecerei o suficiente. Devo a minha vida a eles", confessou o premiê, após superar a doença e deixar o hospital, reconhecendo o trabalho de médicos e enfermeiros do NHS. Ironia do destino, Johnson fez um agradecimento especial a dois enfermeiros, ambos imigrantes: Luís Pitarma, português, e Jenny McGee, da Nova Zelândia. Os dois estrangeiros cuidaram dele nas quarenta e oito horas mais agudas da internação. Como político, Johnson endureceu a concessão de vistos para novos imigrantes e os tratou como inimigos públicos, seu mantra na campanha pelo Brexit. Os estrangeiros, como Luís e Jenny, respondem por quase 70% dos profissionais do NHS.

GUILHERME BOULOS

Até o final de 2019, o que se lia nos jornais britânicos era a manobra do primeiro-ministro para privatizar o sistema de saúde. Jeremy Corbyn, líder trabalhista, divulgou uma série de documentos que mostram uma negociação que vinha desde 2017, entre Boris Johnson e Donald Trump, para vender o NHS como parte de um grande acordo comercial entre Reino Unido e Estados Unidos após a aprovação do Brexit. O que Johnson e Trump queriam era reproduzir, em solo inglês, a realidade do sistema de saúde norte-americano.

A propósito, a nação capitalista mais rica do planeta foi a menos capaz de enfrentar a pandemia. O recorde absoluto de mortes nos Estados Unidos não se deve apenas à inconsequência de Donald Trump, mas também à inexistência de um sistema público e universal de saúde. O célebre documentário *S.O.S. Saúde*, de Michael Moore,[20] evidenciou a perversidade do atendimento à saúde nos EUA, comparando o modelo de lá com os do Canadá e Reino Unido.

No documentário, Moore relata, por exemplo, a história de Rick, um cidadão que não tinha plano de saúde. Certo dia, quando serrava um pedaço de madeira, ele decepou as pontas de dois dedos, o médio e o anelar. Foi então ao hospital, que lhe ofereceu duas cirurgias: repor o dedo médio, por 60 mil dólares, ou o anelar, por 12 mil dólares. Ele escolheu o dedo da aliança, a cirurgia que cabia no bolso. E a ponta do dedo médio acabou indo parar num aterro sanitário do estado de Oregon. O que se vê entre os norte-americanos é um medo permanente de ir ao hospital e não ter como pagar a conta. São cerca de setenta milhões

---

20 S.O.S. saúde. Direção: Michael Moore. Estados Unidos: Dog Eat Dog Films, 2007. 2h2min.

de pessoas que vivem esse dilema por lá. Como um poderoso raio X, a COVID-19 mostrou a falência do modelo privado de saúde nos Estados Unidos e a relevância dos sistemas públicos universais.

Para além de uma onda solidária

O combate à pandemia escancarou, enfim, a perversidade da lógica do mercado, colocou em novos termos a relação entre o público e o privado e afirmou a saúde como direito universal. E fez surgir uma verdadeira onda solidária em todo o mundo.

Na manhã do dia 22 de março de 2020, médicos e enfermeiros vindos de Havana desembarcaram na Itália. A brigada com cinquenta e dois profissionais de saúde chegava à região da Lombardia, até então epicentro da pandemia na Europa, para ajudar a salvar vidas. Após dois meses, disse a prefeita de Crema:

> Nós éramos náufragos, e vocês nos socorreram sem perguntar nosso nome nem nossa proveniência. Após meses de luta, angústia e dúvidas, agora enxergamos a luz, mas apenas porque ficamos uns ao lado dos outros.[21]

Foi a primeira vez que médicos cubanos trabalharam, como brigadistas, em um país rico. A Itália se juntava,

---

[21] AGÊNCIA ANSA. *Após 2 meses, médicos cubanos encerram missão na Itália*. 23 maio 2020. Disponível em: https://epocanegocios.globo.com/Mundo/noticia/2020/05/apos-2-meses-medicos-cubanos-encerram-missao-na-italia.html. Acessado em: 05.01.2022.

assim, aos mais de trinta países que receberam ou receberiam diferentes tipos de colaboração sanitária de Cuba para lidar com o coronavírus. Dias antes da chegada dos médicos à Itália, o governo cubano havia autorizado o navio de cruzeiro britânico MS Braemar, com cinco casos confirmados de COVID-19 a bordo, a atracar na ilha. Em nota, o Ministério das Relações Exteriores de Cuba disse que "são tempos de solidariedade, de entender a saúde como um direito humano, de reforçar a cooperação internacional para enfrentar nossos desafios comuns".[22]

Mas não foram apenas políticas de Estado. A pandemia fez proliferar grandes campanhas solidárias na sociedade e até mesmo gestos individuais, de modo que era comum ver pessoas se oferecerem para fazer compras para idosos que moravam sozinhos e precisavam ficar em isolamento.

Em Brasília, professores da UnB e ex-alunos do curso de engenharia de *software* criaram um *site* e um aplicativo gratuitos para facilitar o fluxo de doações. Eles reúnem, na mesma plataforma, pessoas que querem doar e entidades filantrópicas que precisam receber. Em todo o país, as iniciativas se multiplicaram e qualquer um podia colaborar com as campanhas.

No Movimento dos Trabalhadores Sem Teto, criamos o Fundo Solidário, que arrecadou mais de um milhão de

---

22 O GLOBO. *Em "tempos de solidariedade", Cuba autoriza que cruzeiro britânico afetado por coronavírus atraque no país.* 16 mar. 2020. Disponível em: https://oglobo.globo.com/brasil/em-tempos-de--solidariedade-cuba-autoriza-que-cruzeiro-britanico-afetado-por-coronavirus-atraque-no-pais-24307986. Acessado em: 05.01.2022.

A ENCRUZILHADA DA PANDEMIA

reais na primeira fase da campanha. Com o dinheiro, foram entregues duzentas toneladas de alimentos, mais de cento e cinquenta mil refeições produzidas por cozinhas coletivas, *kits* de limpeza e proteção e mais de cem mil máscaras confeccionadas por coletivos de costureiras das periferias.

Nessa época, numa tarde de sábado, em abril de 2020, eu conheci dona Tereza, que mora numa rua de terra batida no Capão Redondo. Ela parou de fazer faxinas porque é diabética e hipertensa, e a patroa resolveu dispensá-la. O marido também havia perdido o bico que fazia como garçom extra num dos bares da Vila Madalena. Naquela tarde, ela tinha acabado de voltar da casa de uma vizinha, moradora de uma rua próxima à sua, onde conseguia sinal de *internet* na esperança de ver o auxílio emergencial aprovado. Mesmo em situação difícil, ajudava, na cozinha comunitária, a preparar refeições para quem estava numa situação ainda pior.

Com o Fundo Solidário, o MTST desenvolveu uma importante rede de apoio social. Criou, assim, a "cesta cultural", que distribui livros doados juntamente com as cestas básicas. Criou também o "Zap da Saúde", que reunia médicos e enfermeiros voluntários para orientar pessoas com sintomas. Organizou ainda o "S.O.S. Corona", grupos de *WhatsApp* nos bairros, com a finalidade de adicionar vizinhos e identificar quem precisa de ajuda.

O Movimento dos Trabalhadores Rurais Sem Terra (MST), por sua vez, organizou doações de toneladas de alimentos nas periferias urbanas. A campanha "Tem Gente Com Fome" fez distribuição massiva de cestas básicas, também a partir de uma plataforma de arrecadação virtual.

Já na segunda onda da pandemia no Brasil, em 2021, o MTST organizou dezenas de "Cozinhas Solidárias" em todo o país, distribuindo almoço diariamente para milhares de pessoas com fome. Em algumas dessas cozinhas, se fez uma parceria com o Movimento dos Pequenos Agricultores (MPA), para assegurar alimentação saudável, e com o Sindicato dos Petroleiros, que fez doações de botijões de gás. Iniciativas como essas tornaram a combinação da pandemia com crise econômica menos dura para muita gente no Brasil.

Mas a onda solidária não pode ser feita só de gestos individuais ou iniciativas temporárias. Embora essas ações sejam de fato importantes no quadro urgente e precário imposto pela pandemia, a onda solidária também precisa abrir espaço para um debate sobre os valores que organizam a sociedade. Certo dia, quando estava ajudando na distribuição de cestas básicas do Fundo Solidário, conheci uma senhora, mãe de três filhos e sem renda, que fez questão de nos convidar para entrar em sua casa simples na periferia de São Paulo. Dona Julia queria nos mostrar o seu drama diário, o que só fui entender quando ela abriu a porta de um armário vazio. "Eu não tinha um arroz sequer para fazer hoje", explicou, agradecendo a ajuda. A cesta básica chegava em boa hora, mas a questão que seguia – e segue – sem resposta era: *e quando o arroz acabar de novo?* O armário vazio de dona Julia me fez lembrar dos ensinamentos de Dom Helder Câmara: quem dá pão aos pobres é chamado de santo. Quem pergunta por que eles estão na pobreza é chamado de comunista. Dar pão aos pobres é um gesto generoso, mas não muda o sistema que mantém milhões de pessoas com fome. Uma hora o pão acaba.

A ENCRUZILHADA DA PANDEMIA

Se olharmos pela perspectiva da doutrina do choque, sobre a qual comentamos anteriormente, o mais provável seria imaginar que a crise de hoje – a mais aguda dos últimos cem anos e só comparável aos choques da Grande Depressão de 1929 – será usada para o mal, reforçando programas neoliberais e aprofundando desigualdades. Porém, a própria Naomi Klein também acredita que, diante da profundidade da crise provocada pela doença, a onda solidária entre pessoas e nações pode deixar de ser apenas uma utopia:

> A razão pela qual guardo esperança de que optemos por evoluir é que – ao contrário de 2008 – temos uma alternativa política que propõe uma resposta diferente à crise que chega às causas raízes da nossa vulnerabilidade e um movimento político mais amplo que a apoia [tradução nossa].[23]

As grandes crises fazem com que o impossível se torne possível. Nesses tempos, mudanças de sentimento social – as quais, em condições normais, demoram décadas para se concretizarem – podem acontecer em semanas. Quem imaginaria que o Brasil governado por Bolsonaro se veria obrigado a implementar uma renda básica para as famílias mais pobres? Ou que o Reino Unido do direitista Boris Johnson estaria exaltando o sistema público de saúde? Ou que um editorial do *Financial Times* defenderia mais investimento público e menos mercado?

---

[23] KLEIN, Naomi. "Naomi Klein, capitalismo y coronavirus: 'el shock es el virus en sí mismo'". [Entrevista concedida a] Mónica Garrido. *Culto*, 16 mar. 2020. Disponível em: https://www.latercera.com/culto/2020/03/16/naomi-klein-coronavirus/. Acessado em: 12.12.2021.

A pandemia trouxe, é verdade, um rastro de mortes e sofrimento e é a maior crise da nossa geração. Mas trouxe também um aprendizado: o mundo precisa de outro modelo de desenvolvimento, um modelo que combata as desigualdades, preserve o planeta da destruição e que, para isso, promova uma inversão de valores. A lógica que coloca o lucro das corporações acima da vida das pessoas e mata a solidariedade na indiferença do "cada um por si" foi colocada em xeque. Quando os próprios apóstolos do "deus mercado" admitem que é preciso novos caminhos, torna-se evidente que seu projeto de sociedade falhou gravemente. Não por acaso, a nação capitalista mais rica do planeta foi a menos capaz de salvar vidas.

Mas as grandes crises, como já ilustramos, são ambivalentes: podem despertar o melhor e também o pior em nós. Frequentemente fazem os dois ao mesmo tempo. Por um lado, é inegável que a onda de solidariedade que vivemos hoje não tem paralelo na história recente; por outro, também é verdade que nossa geração nunca tinha visto uma naturalização tão grande da morte. Dois mil mortos por dia, por exemplo, deixou de ser notícia de impacto no Brasil de 2021. São dez aviões lotados caindo a cada vinte e quatro horas, e, mesmo assim, fomos nos acostumando a isso. "Foda-se a vida", gritou uma influenciadora brasileira numa festa no período crítico da pandemia. Da mesma forma, o reconhecimento do valor do SUS e da importância do papel do Estado na pandemia não impediu que um grupo de empresários patrocinasse um projeto de lei para furar a fila da vacina, de forma a beneficiar a própria classe, seus familiares e seus funcionários; o projeto chegou a ser aprovado por ampla maioria na Câmara dos Deputados e só não entrou em vigor porque o Senado Federal bloqueou.

A ENCRUZILHADA DA PANDEMIA

A realidade aberta pela pandemia nos leva a crer que o mundo não voltará a ser como antes. Mas isso não quer dizer que será melhor. Não basta a percepção de que o capitalismo fracassou para que ele deixe de existir. Não basta uma onda de solidariedade para mudar os valores que organizam a sociedade contemporânea. O choque de valores pode ser fugaz e impotente se não produzir um movimento social que mobilize as pessoas para a construção de outro modelo. É essa a encruzilhada do pós-pandemia. Seremos capazes de fazer da onda solidária o ponto de virada para um novo modelo de sociedade?

O DESPERTAR DOS MONSTROS

A ascensão da extrema-direita não foi um raio em céu azul. Bolsonaro, Trump, Salvini, Orbán e tantas outras figuras desprezíveis que cresceram pelo mundo na última década expressam um fenômeno social muito além das particularidades nacionais, assim como o nazismo, a seu tempo, foi resultado de uma crise econômica que deixou uma legião de deserdados e de um sistema político que fracassou. Hitler não existiria sem os efeitos da Grande Depressão de 1929 e a ineficácia da República de Weimar.

Os grandes fatos históricos nunca têm uma única causa. O filósofo marxista francês Louis Althusser tomou emprestado da psicanálise o conceito de "sobredeterminação" para sair do esquema simplista de causa-efeito. Assim, pode-se dizer que, da mesma forma que os fenômenos psíquicos são sobredeterminados, os fenômenos sociais também o são. Nesse caso, há ao menos três grandes fatores que confluíram para o surgimento do ciclo de extrema-direita que vivenciamos atualmente.

O primeiro foi a naturalização da barbárie no capitalismo contemporâneo. Por sua própria natureza, o sistema capitalista estabeleceu o lucro como valor supremo, destronando as monarquias e as religiões. Construiu um conjunto de valores – o individualismo, o consumismo, a mercantilização das relações – que, ao longo do tempo, criaram um caldo de indiferença humana, produzindo o fenômeno das vidas descartáveis. Dessa forma, a monstruosidade dos discursos de Bolsonaro sobre tortura, "mimimi" e exaltação da violência só encontrou eco na sociedade porque já estava presente em muitos de nós.

O segundo foi a devastação econômica gerada por quarenta anos de hegemonia neoliberal no mundo. O neoliberalismo desorganizou as relações de trabalho e destruiu conquistas históricas que garantiam alguma estabilidade para a vida dos trabalhadores. Eliminou redes de assistência social e serviços públicos com o discurso do "Estado mínimo", deixando as pessoas à própria sorte. Sua promessa de que "menos direitos trariam mais empregos" revelou-se uma grande mentira, pois espalhou o contrário por onde passava: apenas desemprego e ressentimento.

O terceiro fator foi uma crise de representação política profunda das democracias liberais. Na medida em que o poder de influência das corporações transnacionais tornou-se maior do que a força dos Estados nacionais, a política perdeu muito de sua margem para mudanças, gerando desencanto. As pessoas votavam pela mudança, mas a mudança esbarrava em poderes que estão fora da esfera democrática, não eleitos por ninguém. A consciência popular passou a renegar a política e a encará-la como atividade de pessoas que buscam apenas privilégios e que se corrompem quando chegam ao poder. A extrema-direita soube aproveitar muito bem esse sentimento antipolítico global.

Se, por um lado, é verdade que, com a derrota de Trump nos Estados Unidos, o ciclo da extrema-direita enfraqueceu-se e mostra sinais de esgotamento, por outro, não

O DESPERTAR DOS MONSTROS

podemos nos iludir. O trumpismo segue vivo, mesmo com Trump fora do poder. De forma análoga, o bolsonarismo seguirá como importante força social mesmo depois de o tirarmos do Planalto. Por isso, se não compreendermos e atuarmos sobre os fatores que levaram à sua ascensão, estaremos sempre vulneráveis a novos retornos. Como dizia o poeta alemão Bertold Brecht, a cadela do fascismo está sempre no cio.

Vidas descartáveis

De quanta terra precisa o homem? Essa foi a pergunta de Tolstói em seu conto sobre o camponês Pahóm.[24] E Pahóm precisava de muita. Certo dia, sua cunhada foi visitar a irmã mais nova na pequena aldeia em que ele morava com a esposa e os filhos. Casada com um comerciante rico da cidade, ela fez inveja à irmã, dizendo como a vida urbana era boa e os filhos estavam bem criados. Deitado sobre o forno da casa, Pahóm ouvia sua esposa retrucar, defendendo a vida no campo, sem frescuras e livre das tentações da cidade. "Isso é realmente verdade", pensou o camponês. "A única tristeza é que não temos terra o bastante. Tivéssemos o suficiente, nem o diabo eu temeria". Pahóm não tinha como ver, mas o diabo estava atrás do fogão e gostou do que ouviu. Despertaria nele a ganância.

Dito e feito. Pahóm se esforçou para livrar-se do senhorio e conseguiu comprar um quinhão de terra só dele na aldeia. A vida melhorou, mas não ficou satisfeito. Tudo

---

[24] TOLSTOI, Leon. *De quanta terra precisa o homem?* São Paulo: Companhia das Letras, 2009.

parecia apertado e queria mais. Foi então que decidiu vender o que tinha e partir para umas bandas distantes onde havia terra em abundância. Chegou e logo se viu com uma propriedade maior e mais vistosa. Mas ele queria mais. O chefe da nova aldeia fez um desafio a Pahóm: ele teria toda a terra que conseguisse percorrer a pé durante um dia desde que, antes do pôr do sol, ele voltasse ao ponto de partida. Ou perderia tudo. Era a sorte sorrindo ou o diabo cumprindo o que prometera? Ele saiu com a primeira luz do dia e cruzou campos e morros. Queria tudo o que os olhos alcançavam, mas a cada novo ponto que chegava, abria-se um novo horizonte com mais terras. "Por que não ir? Preciso delas também", era o que pensava. As horas foram passando, e Pahóm continuava caminhando para conquistar mais terras. Meio-dia, talvez seja hora de voltar. Não, dá tempo de ir um pouco mais além. A tarde avançava, e ele não abria mão de um quinhão a mais. Voltaria correndo depois.

Não faltava muito tempo para o sol se pôr quando Pahóm decidiu retornar à aldeia correndo como um alucinado. Era tudo ou nada. Seu esforço foi tamanho que avistou e adentrou a aldeia ainda com o céu claro. Conquistara toda a terra que queria, mas algo não estava bem. O corpo penava pela cobiça dos olhos. O esforço fora descomunal. Pahóm caiu morto de exaustão.

Poderia ser a simples história de um indivíduo ganancioso, mas é a história de uma sociedade. O capitalismo elevou o lucro acima da vida das pessoas e do planeta. Se for preciso moer gente para que a economia ande, se for preciso devastar o meio ambiente e inviabilizar a vida das próximas gerações, que assim seja. O que a pandemia evidenciou de pior no comportamento social – a indiferença

O DESPERTAR DOS MONSTROS

com a vida – já estava ali há muito tempo, como código moral de uma sociedade adoentada.

Da literatura para a realidade, nada mais ilustrativo do que a indústria da saúde. Linda Peeno nasceu em Hodgenville, cidade conhecida por ser a terra natal do ex-presidente estadunidense Abraham Lincoln. Ela fez medicina nos anos 1980 e é bem provável que tenha feito o juramento de Hipócrates de salvar vidas. Porém, não foi propriamente o que fez nos primeiros anos de profissão. Depois da residência, começou a trabalhar para a Humana, uma empresa de plano de saúde nos Estados Unidos. Sua função, ela recorda, seria revisar prontuários de pacientes e solicitações de tratamento e ajudar a tomar boas decisões médicas a respeito de cada caso. Mas o que seria uma boa decisão? Em entrevista a Michael Moore, no documentário já citado, ela explica:

> A definição de um bom diretor médico é alguém que possa economizar muito dinheiro para a companhia. Quando comecei, disseram que eu teria de manter 10% de recusas em pedidos de exames e tratamentos. Havia um relatório me comparando aos outros médicos revisores. O médico com maior porcentagem de rejeições é recompensado com bônus. (...). Qualquer requisição paga é revertida em "perda médica". Essa é a terminologia que a indústria utiliza.[25]

"Perda médica", termo utilizado por Linda Peeno, na lógica dos planos, não é quando morre um paciente, mas quando se paga um tratamento.

---

[25] S.O.S. saúde. Direção: Michael Moore. Estados Unidos: Dog Eat Dog Films, 2007. 2h2min.

Em maio de 1996, Peeno tornou-se mundialmente famosa por quebrar o silêncio ao depor numa audiência pública no Congresso norte-americano. Seu depoimento foi histórico e virou até tema de filme, porque mostrava, com riqueza de detalhes, como funciona a lógica implacável dos planos de saúde. Diante das câmeras, falou:

> Eu estou aqui para fazer uma confissão pública. Na primavera de 1987, exercendo a função de médica, eu não aprovei a operação que salvaria a vida de um homem, causando, portanto, a sua morte. Nenhuma pessoa e nenhum grupo me acusou de ser responsável. Porque, de fato, o que fiz foi economizar meio milhão de dólares à companhia. E, além do mais, esse ato em particular garantiu minha reputação como boa diretora médica e assegurou meu contínuo avanço no campo dos planos de saúde. [26]

A indústria farmacêutica talvez seja o setor que melhor simbolize essa lógica. Há quase dez anos, Thomas Steitz, prêmio Nobel de Química em 2009, foi taxativo ao desnudar o jeito como atua a indústria de medicamentos. "Preferem centrar o negócio em remédios que deverão ser tomados durante toda a vida", disse o cientista.[27] E prossegue: "muitas das grandes farmacêuticas fecharam suas pesquisas sobre

---

[26] S.O.S. saúde. Direção: Michael Moore. Estados Unidos: Dog Eat Dog Films, 2007. 2h2min.

[27] TERRA. *Indústria farmacêutica não quer curar pessoas, diz prêmio Nobel*. 26 ago. 2011. Disponível em: https://www.terra.com.br/noticias/ciencia/pesquisa/industria-farmaceutica-nao-quer-curar--pessoas-diz-premio-nobel,1839962f137ea310VgnCLD200000b-bcceb0aRCRD.html. Acessado em: 05.01.2022.

antibióticos porque estes curam as pessoas". O biólogo britânico Richard Roberts, Nobel de Medicina em 1993, cravou na mesma linha que interessa mais à indústria tentar conter e administrar o avanço da doença do que preveni-la ou curá-la.[28] É bem mais lucrativo.

Em junho de 2019, foi revelado que a Pfizer ocultou da sociedade científica uma descoberta que o laboratório havia feito quatro anos antes: um de seus anti-inflamatórios, o Enbrel, poderia reduzir o risco de Alzheimer em 64%.[29] Para avançar na pesquisa, a farmacêutica teria de investir oitenta milhões de dólares em testes clínicos. Uma pechincha se levarmos em conta que se trata de uma doença sem cura e com tratamentos que mal amenizam o seu avanço. No entanto, o laboratório optou, depois de três anos em análise, não investir nem divulgar as conclusões preliminares. A Pfizer desconversa, diz que os estudos não levariam a lugar algum, mas a desistência tem outra explicação: como a patente do Enbrel havia expirado, investir na cura do Alzheimer não garantiria lucros astronômicos a seus acionistas.

Nesse contexto, é possível afirmar que a COVID-19 não teria o poder de paralisar o mundo e matar tantas pessoas se os projetos de descoberta e produção de vacinas para cepas que apareceram anteriormente não tivessem ficado pelo

---

[28] SULENG, Kristin. "Richard J. Roberts: 'interessa mais à indústria tentar conter o avanço do câncer do que eliminá-lo'". *El País*, 5 jul. 2017. Disponível em: https://brasil.elpais.com/brasil/2017/07/04/ciencia/1499183349_915192.html. Acessado em: 10.01.2022.

[29] GUIMÓN, Pablo. "Pfizer ocultou indícios de que um de seus fármacos poderia prevenir o Alzheimer". *El País*, 5 jun. 2019. Disponível em: https://brasil.elpais.com/brasil/2019/06/05/internacional/1559749832_040997.html. Acessado em: 10.01.2022.

caminho. Avisos e oportunidades não faltaram, mas foram ignorados por miopia dos governos e desinteresse comercial dos laboratórios. Em 2002, a epidemia de SARS, um coronavírus que também surgiu na China e se espalhou para vinte e nove países, colocou o planeta em alerta, e cientistas de vários continentes começaram a buscar uma vacina para a doença. As pesquisas avançaram, mas os investimentos cessaram tão logo a epidemia foi controlada. (Dez anos depois, outro coronavírus surgiu, no Oriente Médio, causando a MERS. Foi o segundo alerta, mas igualmente ignorado quando se viu que a doença poderia ser controlada localmente).

Mesmo sem financiamentos, uma equipe de pesquisadores de Houston seguiu trabalhando e, em 2016, chegou a uma vacina para o coronavírus causador da SARS. Bastava fazer os testes clínicos, mas o governo norte-americano negou, afirmando que não havia mais interesse. Os testes, segundo os cientistas, não custariam mais de quatro milhões de dólares. Nem governo nem os laboratórios quiseram investir. Não havia vontade política nem apetite do mercado. "Se não tivéssemos abandonado o programa de pesquisa de vacinas para SARS, teríamos muito mais bases prontas para trabalhar neste novo vírus intimamente relacionado ao anterior", relatou Jason Schwartz, professor da Universidade de Yale.[30] As duas cepas têm em comum 80% do material genético.

O que se viu nos últimos anos foi a tendência de abandonar pesquisas de vacinas para humanos. A Novartis

---

[30] NAVAS, María Elena. "Coronavírus: como o mundo desperdiçou a chance de produzir vacina para conter a pandemia". *BBC*, 10 abr. 2020. Disponível em: https://www.bbc.com/portuguese/internacional-52238530. Acessado em: 10.01.2022.

O DESPERTAR DOS MONSTROS

fechou sua unidade de desenvolvimento em 2014. O GSK desistiu de um avançado projeto de vacina contra o ebola porque, de novo, não lucraria muito. Os surtos da doença são curtos e só matam pessoas pobres na África. Em 2017, a Sanofi desistiu da pesquisa da vacina contra o vírus da zika depois que o governo dos Estados Unidos suspendeu os investimentos por causa da queda da epidemia no mundo.

Mas se a lógica do sistema coloca a vida abaixo do lucro, isso vale com muito mais intensidade para algumas vidas: as vidas descartáveis. Definitivamente, nesse encontro do capitalismo com a barbárie, há vidas que valem mais do que outras. As vidas do Sul global valem menos que as do Norte, as vidas negras valem menos que as brancas. E isso é naturalizado socialmente de modo brutal.

O genocídio de jovens negros nas periferias brasileiras é um capítulo conhecido desse fenômeno. Em 2020, uma operação da polícia no Complexo do Salgueiro, em São Gonçalo, matou com três tiros de fuzil o jovem João Pedro, de apenas quatorze anos. Ele brincava com primos no quintal de casa quando os policiais entraram atirando. A polícia alega que havia criminosos no imóvel, mas os depoimentos dos jovens que estavam com João Pedro desmentem essa informação. No mesmo ano – já marcado pelas manifestações contra o assassinato de George Floyd nos EUA –, João Alberto foi espancado até a morte por seguranças da rede Carrefour em Porto Alegre. Tudo diante das câmeras, à luz do dia. Afinal, era uma vida descartável.

Alguns anos antes, mais precisamente em junho de 2014, ocorreu outro caso emblemático: dois cabos da Polícia Militar do Rio de Janeiro prenderam três adolescentes *suspeitos* de cometer furtos. Eles foram colocados na viatura e levados para o Morro do Sumaré. A câmera interna do veículo gravou a conversa dos dois policiais no caminho de volta para a cidade. "Tem que matar os três", disse o cabo Lima. "Quando eu vi que tu botou ele assim e tirou a mão, falei 'toma'. Toma que é de graça. Não vai ter como fazer balística nem nada", comentou o cabo Magalhães. Os dois PMs estavam calmos e chegavam a rir enquanto se lembravam da cena. "Menos dois. Se a gente fizer isso toda semana, dá pra ir diminuindo. A gente bate a meta", disse Lima por fim.[31] "Menos dois", frase curta que sintetiza o tamanho do desprezo que há em relação à vida de uma grande parcela da sociedade brasileira.

Mas não é apenas por meio da ação ostensiva da força policial que o poder público chancela a divisão entre cidadãos e subcidadãos. Em outubro de 2017, o então prefeito de São Paulo, João Doria, criou um programa para "erradicar a fome" e "reforçar" a merenda escolar dos estudantes de escolas municipais. Ele queria usar a "farinata", uma espécie de farinha feita a partir de alimentos vencidos que seriam incinerados por produtores e supermercados. Com a "farinata", seria produzido um biscoito, ou granulado alimentar, classificado por Doria como "um produto abençoado". A ideia foi fortemente atacada por nutricionistas e pela sociedade. O que ele queria, na verdade, era produzir e

---

[31] UOL. *PMs suspeitos no caso Sumaré, no Rio, falaram em "fazer isso toda semana"*. 28 jul. 2014. Disponível em: https://noticias.uol.com.br/cotidiano/ultimas-noticias/2014/07/28/pms-suspeitos-no-caso-sumare-no-rio-falaram-em-fazer-isso-toda-semana.htm. Acessado em: 17.03.2022.

O DESPERTAR DOS MONSTROS

distribuir ração humana para crianças da periferia e pessoas em situação de rua.

A indiferença pelos pobres parece ser, aliás, uma marca do casal Doria. Em plena pandemia, a primeira-dama Bia Doria fez uma *live* com a *socialite* Val Marchiori numa espaçosa sala no Palácio dos Bandeirantes. Conversavam sobre a vida da população em situação de rua. As confissões são assombrosas: "não é correto você chegar lá na rua e dar marmita. Porque a pessoa tem que se conscientizar que ela tem que sair da rua. Porque a rua, hoje, é um atrativo. A pessoa gosta de ficar na rua", disse Bia Doria.[32] É importante ressaltar que ela é presidente do Fundo Social do Estado de São Paulo.

Lamentavelmente, esses exemplos estão longe de serem casos isolados. A segregação na sociedade brasileira é tão enraizada que deixamos de notá-la. O quarto da empregada, o elevador de serviços, a lixeira com grade para que catadores não mexam no lixo, pedras sob viadutos... O Brasil é referência mundial em técnicas de desumanização. O padre Júlio Lancelotti, conhecido pelo trabalho com pessoas em situação de rua, dedicou-se a expor centenas de denúncias da arquitetura da segregação em cidades brasileiras, definindo-as como "aporofobia",[33] ódio aos pobres.

---

[32] CATRACA LIVRE. *Fala de Bia Doria e Val Marchiori sobre moradores de rua revolta web*. 03 jul. 2020. Disponível em: https:// catracalivre.com.br/cidadania/fala-de-mulher-de-doria-sobre-moradores-de-rua-revolta-web/. Acessado em: 17.03.2022.

[33] Um estudo amplo sobre o conceito pode ser conferido em CORTINA, Adela. *Aporofobia, a aversão ao pobre*: um desafio para a democracia. Trad. Daniel Fabre. São Paulo: Contracorrente, 2020.

Não há como não remeter esse ódio à tradição escravista brasileira. Fomos um dos últimos países do planeta a abolir a escravidão e, quando o fizemos, não houve qualquer esforço nacional para a inclusão social do povo negro. Ao contrário, sem terra e sem trabalho, as pessoas negras permaneceram na condição de subcidadania. A escravidão desdobrou-se no racismo estrutural. Esta é, aliás, uma marca das grandes transições brasileiras, feitas sempre "por cima" e de forma incompleta. A Independência não rompeu com a lógica colonial, a Abolição perpetuou o racismo, e a transição democrática no fim da ditadura militar pariu uma sociedade autoritária. Temos uma elite econômica e política que se especializou em promover grandes mudanças para que tudo permaneça exatamente como está.

Somos o país do "recalque histórico". Freud dizia que o recalque ocorre quando não somos capazes de elaborar um trauma e, para esquecê-lo, o atiramos no inconsciente. Mas essa operação nunca é bem-sucedida, pois o recalcado é resiliente e retorna. Na vida psíquica, o retorno do recalcado pode se dar pelo sintoma patológico, que nos faz reviver, de forma cifrada, nossos mais profundos traumas infantis. Na vida social, os traumas recalcados retornam como marcas que nos impedem de seguir adiante. Se a sociedade não é capaz de elaborá-los, permanece andando em círculos. Sem reparação, que implica resgate da memória em relação a nossos traumas, ficamos sempre sob o peso de um passado que nunca passa, um fantasma que bloqueia a construção de futuro.

Essa naturalização cotidiana da barbárie, que torna vidas humanas descartáveis, cria um caldo de cultura para o surgimento de monstruosidades políticas. Quando

Bolsonaro exalta publicamente um torturador e diz "e daí?" para milhares de mortos por COVID, é com esse sentimento de descartabilidade que ele dialoga. Quando Trump coloca crianças imigrantes em jaulas na fronteira com o México, é nessa indiferença que ele toca. Quando o ex-governador do Rio de Janeiro, Wilson Witzel, orienta a polícia a "atirar na cabecinha", com apelo positivo junto a uma parcela da sociedade, é porque um processo social, muito antes dele, já havia fincado a consciência de que há vidas descartáveis.

Por mais que muitos liberais façam cara de susto e reneguem as perversidades da extrema-direita, os monstros são filhos legítimos do sistema de valores criados por eles. E não apenas na indiferença à vida – dos outros, é claro – mas também nos efeitos do modelo econômico que hegemoniza o mundo desde os anos 1980: o neoliberalismo.

A grande mentira neoliberal

Os neoliberais fizeram o mundo acreditar numa grande mentira. O economista Simon Kuznets, russo naturalizado norte-americano, criou uma teoria relacionando desigual-dade de renda e crescimento econômico,[34] o que lhe rendeu o Nobel de Economia de 1971. Sua curva era uma parábola com concavidade para baixo e defendia a ideia de que as desigualdades sociais crescem nos estágios iniciais do desen-volvimento de um país, porém caem quando as economias avançam. O que Kuznets fez foi teorizar a velha metáfora

---

[34] SIMON KUZNETS FACTS. *Nobel Prize Outreach AB 2022.* Disponível em: https://www.nobelprize.org/prizes/economic-scien-ces/1971/kuznets/facts/. Acessado em: 17.03.2022.

de "fazer o bolo crescer e depois compartilhar". Na mesma linha, em 1974, Friedrich Hayek também foi agraciado com o prêmio. Dois anos depois, o discípulo Milton Friedman, colocou outro Nobel na estante neoliberal. O caminho para a hegemonia estava pavimentado e começava a ser trilhado.

Figura 1 – Curva de Kuznets

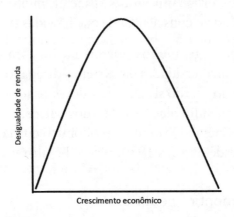

Fonte: elaborado pelo próprio autor.

A crise econômica que atingiu os países do Norte global nos anos 1970, quando o crescimento caiu e a inflação subiu, permitiu a ascensão do pensamento neoliberal. Para eles, a culpa da crise era dos gastos sociais excessivos, com o Estado de bem-estar social, do poder crescente de sindicatos e movimentos operários e dos baixos índices de desemprego. Passaram a pregar o controle da inflação como meta intocável para qualquer governo, reduzindo gastos em políticas públicas, privatizando empresas estatais e ampliando o desemprego. Com um exército de pessoas sem trabalho e sujeitas a qualquer oferta de emprego, os sindicatos perderiam naturalmente sua força.

O DESPERTAR DOS MONSTROS

Além do laboratório que Milton Friedman, como vimos, conduziu no Chile durante a ditadura de Pinochet, os neoliberais entraram de vez no jogo no final da década de 1970. Margaret Thatcher, no Reino Unido, foi a primeira a seguir a cartilha à risca. Friedman era seu consultor para todas as horas. Um ano depois, a vitória de Ronald Reagan levou os Estados Unidos para o mesmo caminho. Em 1982, foi a vez da Alemanha, então sob o comando de Helmut Kohl. Os anos 1980 marcaram o início da ditadura implacável do mercado e a subserviência da política. Era questão de tempo para o neoliberalismo cruzar as fronteiras da América Latina e, com o fim da União Soviética, alcançar também o Leste Europeu.

A promessa neoliberal dialogava com milhões de desesperados num momento de crise. A garantia era de crescimento, de prosperidade e de emprego em troca de menos direitos. Essa é lógica do Estado mínimo. Deixar o mercado livre e os ricos ganhando dinheiro como nunca faria, enfim, com que toda a sociedade ganhasse junto.

Passados quarenta anos da promessa de um novo mundo, a verdade é que o neoliberalismo não deu empregos nem direitos. A taxa média de desemprego nos países da OCDE, que tinha sido de cerca de 4% nos anos 1970, mais que dobrou nos anos 1980. A desigualdade social também cresceu. A tributação das rendas mais elevadas, por sua vez, caiu 20% em média na década de 1980, e os salários estagnaram, enquanto as bolsas de valores batiam recordes de valorização. Os ricos foram ficando mais ricos, e o abismo social aumentou como nunca. O prometido crescimento econômico também não aconteceu. Os países da OCDE mantiveram taxas medíocres de crescimento nos anos 1980, bem distante dos altos índices das décadas de 1950 e 60. Os primeiros dez anos de neoliberalismo já deixavam claro que a curva de Kuznets era uma verdadeira furada.

De lá para cá, o cenário só se agravou. No livro *O Capital no século XXI*, o economista francês Thomas Piketty analisa longas séries históricas econômicas dos países ricos.[35] Nos Estados Unidos, em 1980, quando Reagan se elege presidente, os 10% mais ricos detinham 34,6% da renda nacional, e o 1% detinha 8% da renda. Esses números haviam se mantido mais ou menos estáveis nas três décadas anteriores. Em 2007, um ano antes da crise dos *subprimes*, os 10% mais ricos já ficavam com 49,7% da renda nacional, enquanto o 1% respondia por 18,3%. No Brasil, segundo relatório do Programa das Nações Unidas para o Desenvolvimento – PNUD, de 2019, a parcela dos 10% mais ricos concentra 41,9% da renda nacional, enquanto o 1%, sozinho, detém 28,3%, dez pontos percentuais acima do registrado pelos Estados Unidos. Nós só ficamos atrás do Catar, que registra 29%.[36] Essa concentração de renda faz do Brasil o sétimo país mais desigual do mundo.

Piketty mostra ainda o crescimento do número de bilionários. Em 1990, o planeta tinha 265 pessoas com patrimônio acima de um bilhão de dólares, somando um total de 570 bilhões de dólares. Em 2013, os bilionários chegavam a 1.426 com patrimônios estimados em 5,4

---

[35] Cf.: PIKETTY, Thomas. *O Capital no século XXI*. Rio de Janeiro: Intrínseca, 2014.

[36] PUND. *Relatório do Desenvolvimento Humano 2019*. Nova Iorque, 2019. Disponível em: https://hdr.undp.org/sites/default/files/hdr_2019_pt.pdf. Acessado em: 17.03.2022.

O DESPERTAR DOS MONSTROS

trilhões de dólares.[37] No livro *A Era do Capital Improdutivo*, o economista Ladislau Dowbor sintetiza o balanço das décadas neoliberais:

> Quando oito indivíduos são donos de mais riqueza do que a metade da população mundial, enquanto 800 milhões de pessoas passam fome, achar que o sistema está dando certo é prova de cegueira mental avançada.[38]

Resumidamente, o modelo neoliberal se ergueu a partir de três grandes mudanças econômicas: a financeirização, a perda de poder regulador do Estado e a precarização do trabalho.

Na economia financeirizada, a lógica dominante é o *capital* a serviço do *capital,* e não mais o capital como insumo da produção. É a velha máxima do "rabo abanando o cachorro": o sistema financeiro, pensado para dar crédito a investimentos do setor produtivo, tornou-se um fim em si mesmo, num processo de profundo descolamento da economia real. O mercado financeiro desidratou a capacidade dos países de produzir e se colocou como uma trava para o desenvolvimento, um vetor global de desigualdades. Investir em infraestrutura com retornos de longo prazo tornou-se pouco atrativo porque produzir rende menos que as operações financeiras.

---

[37] PIKETTY, Thomas. *O Capital no século XXI*. Rio de Janeiro: Intrínseca, 2014.

[38] DOWBOR, Ladislau. *A Era do capital improdutivo*: por que oito famílias têm mais riqueza do que a metade da população do mundo? São Paulo: Autonomia Literária, 2017, p. 21.

Aplicado em escala internacional, com a quebra de fronteiras para os movimentos do capital, isso mudou o mapa de quem produz no mundo, levando cidades e polos industriais que viveram o seu auge nos anos 1960 e 70 a uma crise profunda. Detroit, nos Estados Unidos, talvez seja o maior símbolo. A cidade era o coração da indústria de automóveis – sede das marcas General Motors e Ford – e chegou a ter dois milhões de habitantes nos anos 1950. Em 2013, a "Motor City", como era apelidada, entrou para a história como a primeira grande cidade norte-americana a pedir falência. As grandes indústrias foram saindo, a arrecadação caiu, e Detroit viu sua população recuar para pouco mais de setecentas mil pessoas.

O parque industrial brasileiro também sofreu duramente nas décadas de hegemonia neoliberal. O país passou por um forte processo de desindustrialização e retornou a uma lógica neocolonial: a indústria perdeu peso na economia nacional e na pauta exportadora, cedendo lugar a um *boom* do setor primário, com o agronegócio e a mineração. Hoje, a indústria atravessa um longo período de estagnação e tem a pior participação na composição do PIB nacional nos últimos setenta anos, representando apenas 11% da atividade econômica em 2019. Em 1970, chegava a 21,4%. De acordo com levantamento do IEDI, o Brasil está entre os países que mais sofreram com a desindustrialização nos últimos cinquenta anos.[39] Na comparação feita entre trinta países, ficamos atrás apenas da Austrália e do Reino Unido. E ainda com um agravante: a

---

[39] IEDI. *O perfil setorial do retrocesso da indústria brasileira.* 18 abr. 2029. Disponível em: https://iedi.org.br/cartas/carta_iedi_n_920.html. Acessado em: 18.03.2022.

O DESPERTAR DOS MONSTROS

nossa desindustrialização foi precoce. Nos casos australiano e britânico, dentre outros, a indústria entrou em declínio porque a população, com mais dinheiro no bolso, ampliou o consumo de serviços, como turismo e lazer. Por aqui, ainda há uma forte demanda reprimida por bens básicos de consumo.

Nesse quadro mundial, Piketty faz a seguinte avaliação:

> Quando a taxa de remuneração do capital ultrapassa a taxa de crescimento da produção e da renda, como ocorreu no século XIX e parece provável que volte a ocorrer no século XXI, o capitalismo produz automaticamente desigualdades insustentáveis.[40]

O que o economista francês nos mostra em sua extensa pesquisa é que a economia global está à beira de ter "mais riqueza que vive de renda" do que "dinheiro ganho com o trabalho", levando ao aumento inédito na concentração de renda do 1%.

Isso não seria possível sem o esvaziamento do papel regulador do Estado. A começar pelo fluxo de capitais. Qualquer tentativa de proteger a economia nacional é tratada como um atentado à liberdade dos mercados, os quais – com o poder das grandes corporações – podem reduzir o fluxo de crédito para qualquer nação e criar movimentos especulativos contra a economia do país. Os países, como alunos bem-comportados, passaram a receber notas das chamadas agências de risco, sempre a

---

[40] PIKETTY, Thomas. *O Capital no século XXI*. Rio de Janeiro: Intrínseca, 2014, p. 9.

serviço dos interesses financeiros. A soberania é punida com rebaixamento e perda de investimentos.

Por essa mesma chantagem, o neoliberalismo impôs um conjunto de desonerações sobre os mais ricos, especialmente no Sul global, com economias mais vulneráveis. Cortar impostos sobre movimentações financeiras e sobre a renda dos mais ricos tornou-se um sinal de bom comportamento. A ideia de um sistema tributário progressivo soa como heresia. O Brasil, nesse caso, além de historicamente ter um sistema tributário regressivo, ainda isentou impostos sobre lucros e dividendos nos anos 1990, durante o governo de Fernando Henrique Cardoso. O Estado foi abandonando funções distributivas e se tornou uma espécie de Robin Hood às avessas, tirando dos trabalhadores e da classe média, por meio da tributação do consumo, e drenando recursos públicos para pagamento do serviço da dívida pública a juros extorsivos.

As corporações, no entanto, não se contentaram com a liberdade de se apropriarem dos recursos públicos. Quiseram também avanças sem limites nem regulações sobre os recursos naturais. Desse modo, nos últimos quarenta anos, registramos uma alta sem precedentes em desmatamento, espécies extintas ou à beira de extinção, emissões de gases de efeito estufa e mudanças climáticas.

De acordo com a World Wildlife Fund, mais da metade da população mundial de animais vertebrados desapareceu entre 1970 e 2010. O mais assustador é comparar os números de 2010 com as conclusões do estudo anterior, que media o desaparecimento da fauna entre 1970 e 2005: a ação humana dobrou o desaparecimento da fauna no planeta

O DESPERTAR DOS MONSTROS

em apenas cinco anos, passando de 27%, em 2005, para 52%, no fim da década.[41]

A temperatura média na Terra, em 2019, ficou quase um grau centígrado acima dos níveis pré-industriais. Se nada for feito para conter o aquecimento global, podemos chegar ao ano de 2100 com elevações de até cinco graus e efeitos devastadores, como o aumento do nível do mar e o comprometimento da produção agrícola. Se não quisermos fazer projeções futuras, basta observar os dados do passado até o presente, os quais são igualmente alarmantes. Vinte dos últimos vinte e dois anos foram os mais quentes da história, segundo a Organização Mundial Meteorológica,[42] o que vem derretendo o gelo do mar do Ártico em velocidade assombrosa. A extensão da calota polar passou de 7,7 para 4,2 milhões de quilômetros quadrados entre 1980 e 2019. Mesmo com esse cenário catastrófico, as ações para conter o aquecimento global, com transição energética e reflorestamento, esbarram nos interesses financeiros do setor de combustíveis fósseis e do agronegócio. Afinal, a liberdade dos mercados em destruir o planeta não pode ser questionada.

De todas as desregulamentações neoliberais, a precarização do trabalho, vendida como efeito colateral de um crescimento que não veio, é a que teve consequências mais diretas

---

[41] ALMOND, R. E. A.; GROOTEN M.; PETERSEN, T. (Coord.). *WWF Living Planet Report 2020*: bending the curve of biodiversity loss. Gland: WWF, 2020. Disponível em: https://wwfeu.awsassets.panda.org/downloads/lpr20_full_report_spreads.pdf. Acessado em: 18.03.2022.

[42] NAÇÕES UNIDAS BRASIL. *ONU confirma 2021 entre os sete anos mais quentes da história*. 20 jan. 2022. Disponível em: https://url.gratis/N6yfnw. Acessado em: 18.03.2022.

e imediatas sobre nossas sociedades. A classe trabalhadora foi submetida, no mudo todo, a uma elevada rotatividade no emprego, ao avanço da informalidade e à diversificação das formas de trabalho por conta própria. Além disso, as altas taxas de desemprego funcionaram como um fator de redução dos salários e enfraquecimento do movimento sindical, sem deixar outra alternativa aos trabalhadores a não ser contratos precários. Sem escolhas e sem direitos, o "bico" virou o "plano de carreira" da informalidade.

A uberização é a aliança perversa desse fenômeno com as plataformas de tecnologia, numa espécie de encontro do século XIX com o XXI. É o mundo ideal na lógica neoliberal porque combina renda baixa por hora trabalhada e direitos zero. Lançado à própria sorte e sem seguro-desemprego, fundo de garantia, férias, décimo terceiro salário ou aposentadoria, o trabalhador uberizado precisa rezar contra qualquer imprevisto. E, em operação ideológica impressionante, é apresentado como empreendedor.

Em suma, o neoliberalismo espalhou desigualdade e desemprego por onde passou. Os ricos ficaram muito mais ricos, e os pobres perderam a estabilidade do trabalho, sendo atirados numa condição permanente de insegurança. Assim como a Crise de 1929 ajudou a criar um ambiente favorável para o nazismo, a devastação neoliberal abriu as porteiras para a nova extrema-direita. O ressentimento e o medo causados pela perda das condições de vida anteriores foram canalizados, especialmente no Norte global, para a formação de um bode expiatório: os imigrantes. Quando Trump chega aos trabalhadores de Detroit e do Centro-Oeste dos Estados Unidos e diz que eles perderam seus empregos não pela desindustrialização neoliberal,

O DESPERTAR DOS MONSTROS

mas pelos imigrantes latinos que tomaram os postos de trabalho, isso soa como música na sinfonia do discurso da extrema-direita. Ainda mais quando o "diagnóstico" do problema vem acompanhado de uma solução fácil: construir um muro na fronteira com o México. Foi com esse mesmo repertório que a extrema-direita europeia cresceu nos últimos anos.

Quando esse discurso dá um novo passo e diz que os culpados são os "comunistas chineses" – os quais, além de levarem as indústrias para seu país, produziram um vírus para enfraquecer o Ocidente –, aquilo que seria uma alucinação risível ganha ares de verdade para milhões de pessoas carentes de uma explicação e desesperadas por uma solução para a piora em suas vidas. Daí a criarem incidentes diplomáticos com a China, como fizeram Bolsonaro e Trump, e deixarem morrer famílias de imigrantes no meio do deserto ou afogadas no Mediterrâneo é apenas a consequência lógica. A roupagem nacionalista comum aos líderes de extrema-direita – *Make America Great Again*, ou "Brasil Acima de Tudo" –, por mais que seja hipócrita, traduz um sentimento social de retorno às condições de vida anteriores à globalização neoliberal.

No Brasil, a ascensão de Bolsonaro, embora tenha relação direta com a piora das condições econômicas, está mais diretamente associada a outra razão: a crise de representação democrática e a explosão do sentimento de antipolítica.

Bolsonaro e Waldo

Assisti ao episódio "Momento Waldo", da série *Black Mirror*,[43] alguns meses antes da campanha eleitoral de 2018. Terminei com um nó na garganta. O que se via no Brasil era a vida imitando a arte, já que o episódio tinha ido ao ar cinco anos antes. Na série, Waldo é um urso azul que anima um programa popular na TV inglesa. O personagem é interpretado por um comediante que fica nos bastidores do estúdio e abusa do escracho e de obscenidades sem tamanho para constranger os entrevistados. Os políticos são seu alvo favorito e sua popularidade cresce à medida que os ataques se tornam mais violentos. Ele é um urso mau, politicamente incorreto, mas pessoas gostam dele e do seu jeito sem papas na língua.

Waldo, uma caricatura sem rosto, alimenta o sentimento antipolítico, e a audiência entra em frenesi. Assistindo ao episódio, o telespectador fica se perguntando: *até onde ele pode ir nessa escalada de dizer e fazer absurdos?* A resposta é: até a política. Os produtores da TV decidem, então, lançá-lo candidato, em busca de mais polêmica e visibilidade. Waldo faz sucesso como candidato porque "está todo mundo irritado com o *status quo*, e o Waldo fala por eles", resumiu o chefe da campanha.

Mas o que Waldo e os políticos da extrema-direita têm em comum? O que une um urso animado, um magnata excêntrico, como Trump, ou um aspirante a ditador, como Bolsonaro? Todos são caricaturas e expressão de um

---

[43] THE WALDO moment (Temporada 2, ep. 3). *Black Mirror*. Direção: Bryn Higgins. Reino Unido: Channel 4/Netflix, 2013. 44 min.

O DESPERTAR DOS MONSTROS

sentimento de revolta. A antipolítica, espalhada por todas as classes sociais, é a revolta contra o sistema como ele é, contra as regras como elas são. Waldo é a pulsão da morte materializada num boneco que não existe na vida real. Bolsonaro e Trump são a pulsão da morte em avatares de políticos. É por isso que eles não têm limites. A sociedade fica atônita diante da escalada do absurdo, como num sentimento de poço sem fundo, que sempre pode descer mais e, a cada nova descida, fideliza-se um grupo de adeptos.

O sentimento de rechaço à política foi, sem dúvida, o principal fator responsável pela ascensão de Bolsonaro ao poder. É verdade também que esse sentimento tem uma dimensão global no enfraquecimento dos Estados nacionais e na crise de representação democrática. Como vimos, o neoliberalismo colocou o mundo num impasse histórico: a economia é mundial, mas a decisão política é nacional. E o poder econômico desenvolveu uma série de mecanismos para se apropriar da política. Com a capacidade dos governos nacionais em realizar mudanças comprometida por um arranjo de forças transnacionais – que não são eleitas por nenhum cidadão –, como fica a democracia? No mundo inteiro, as pessoas foram percebendo que, via de regra, elegiam apenas gestores de uma política predefinida. O sequestro das democracias liberais pelas corporações, através da chantagem financeira e da cooptação direta de partidos e candidatos com financiamento eleitoral, abalou a crença na democracia. O sentimento de antipolítica foi tomando corpo em toda parte, afinal, a vida seguia piorando, e as eleições não mudavam o quadro.

Mas, no Brasil, esse fenômeno geral ganhou conotações espetaculares com a Operação Lava Jato. Uma operação de combate à corrupção em órgãos públicos foi transformada numa novela em tempo real, com transmissão pela TV, e moldou o sentimento nacional ao potencializar os descontentamentos com a política e a piora da situação econômica. Numa aliança entre empresas de mídia e setores do Judiciário, reeditando a "República do Galeão", de Carlos Lacerda contra Vargas, construíram uma narrativa simples: "se a sua vida piorou, é porque o governo roubou". O mal da corrupção foi materializado num inimigo – primeiro o PT, depois os políticos em geral –, e o país foi absorvido durante quase cinco anos à espera das cenas do próximo capítulo.

A indignação contra a corrupção é, obviamente, um fenômeno legítimo, e nunca é demais lembrar que quem se apropria de dinheiro público deve ser punido criminalmente e afastado da vida política. Mas o que esteve em jogo com a Lava Jato, como em outros momentos de nossa tradição udenista, era outra coisa. O discurso de combate à corrupção foi instrumentalizado para uma guerra política que derrubou uma presidenta, prendeu injustamente um ex-presidente e elegeu o pior presidente da nossa história. Ao espetacularizar as ações judiciais, com condenações prévias e ações ilegais, criou-se um furacão de revolta contra a política na sociedade, que acabou por engolir alguns de seus entusiastas iniciais.

O sentimento que se generalizou no país foi de que a política é uma grande quadrilha e não serve para nada a não ser enriquecer os políticos, estes, por sua vez, todos corruptos. Assim como no episódio do urso Waldo, a pura negação não tem qualquer preocupação com o que vem depois. A sociedade passou a demandar uma solução de fora da política que "mudasse tudo o que está aí" e "fuzilasse a

O DESPERTAR DOS MONSTROS

petralhada", que fosse a materialização do ódio das pessoas contra os políticos. Quando um tsunami desse tipo aconteceu na Itália, deu em Berlusconi,[44] uma caricatura devassa e decadente. No Brasil, deu em Bolsonaro.

A extrema-direita demonstrou grande capacidade, internacionalmente, em canalizar as frustrações sociais, seja com a economia, seja com a política, apresentando-se com um viés antissistema. Conseguiu formular um discurso fácil, com soluções que cabiam sempre numa frase, para os problemas vivenciados pelas pessoas. Violência urbana? Pena de morte. Corrupção? Prisão dos corruptos. Desemprego? Eliminar os imigrantes. Coronavírus? Cloroquina. E por aí vai. Mas, acima de tudo, foi a primeira a se apropriar, sem qualquer limite ético, da política feito por algoritmos.

No livro *Os Engenheiros do caos*, o cientista político italiano Giuliano da Empoli reconstituiu os caminhos que levaram a ascensão da extrema-direita na Itália, nos Estados Unidos, no Reino Unido, no Brasil e na Hungria. Ele mostra como figuras com o perfil de Steve Bannon foram decisivas para mapear, através de ciência de dados nas redes sociais, de que maneira as crises econômica, política e de costumes reverberavam na opinião pública, bem como os caminhos percorridos para se transformar a antipolítica e o antissistema numa luta ideológica de cunho conservador. Algo que só foi possível, sustenta Empoli, com a revolução que as redes sociais provocaram na vida cotidiana.[45]

---

[44] Empresário italiano que se tornou primeiro-ministro após a Operação Mãos Limpas na década de 1990.

[45] EMPOLI, Giuliano da. *Os Engenheiros do caos*. Trad. Arnaldo Bloch. São Paulo: Vestígio, 2020.

Investindo pesadamente em análise de *big data*, os estrategistas da extrema-direita foram segmentando os públicos potencialmente sensíveis ao discurso conservador. As redes sociais, como sabemos, permitem que as pessoas se expressem e canalizem suas raivas. O digital se mostrava, portanto, o ambiente mais propício para extravasar o discurso do ódio. O segundo passo foi alimentar e orientar a massa de ódio e desesperança para os fins políticos que estrategistas queriam. A propagação de *fake news* foi um combustível de engajamento para manter essa polarização sempre aquecida. Através da segmentação, o populismo de direita conseguia falar com e para cada pessoa somente aquilo que ela desejava ouvir/ler. Trata-se de um trabalho silencioso e imperceptível ao radar da mídia tradicional ou dos antigos modelos de *marketing* político. Sem isso, Trump não teria chegado à Casa Branca, Boris Johnson não teria vencido o Brexit, Viktor Orbán não se tornaria o líder húngaro, tampouco Bolsonaro seria o presidente brasileiro.

A ascensão da extrema-direita no Brasil tem suas particularidades. A questão do imigrante, comum aos Estados Unidos e à Europa, não tem força por aqui. O bolsonarismo construiu o conceito de inimigo a partir de outros marcos. Seriam, então, os "corruptos", surfando na onda "lavajatista"; os "comunistas", fomentando um sentimento antiesquerda; os "bandidos", aproveitando-se do sentimento de insegurança urbana; e, com muito peso, as "minorias" – em particular, a comunidade LGBTQIA+, apresentada como a "destruidora" da família tradicional e da religiosidade.

Não podemos ignorar que houve, no mundo todo, uma reação conservadora às conquistas de reconhecimento

O DESPERTAR DOS MONSTROS

que as mulheres, as pessoas negras e a comunidade LGBT-QIA+ obtiveram nas últimas décadas. Pois são conquistas que levaram a questionamentos em relação à posição do patriarcado branco e heteronormativo e, consequentemente, ao modelo tradicional de estrutura familiar. O populismo de direita foi, aos poucos, traduzindo e se fundindo à reação ressentida do homem branco tradicional, que havia perdido um lugar que lhe parecia natural e não via perspectivas de recuperação dele. Impulsionou-se, num discurso sob medida, a liberação da raiva contida. Falar para o cidadão que ele pode *dizer o que quiser sem se envergonhar*, ou que não deve se curvar ao politicamente correto, tem uma forte sedução antissistema. A extrema-direita, à margem do *establishment*, canalizou todo esse caldo de cultura para repaginar o conservadorismo como uma ideologia e maturar seu projeto político.

Potencialização de valores hiperindividualistas, de indiferença à vida, naturalizando a ideia de humanos descartáveis; canalização do ressentimento e do ódio de uma multidão socialmente excluída pelo modelo neoliberal; oferta de uma saída política autoritária e personalista, vendida como antissistema, diante da perda de credibilidade da política; além disso, defesa das relações familiares tradicionais, da religiosidade e do discurso da ordem numa sociedade em transe; e tudo isso expresso sob medida com o uso do algoritmo das redes sociais e com a imagem de autenticidade das lideranças. Foi essa a equação sobredeterminada que permitiu o despertar dos monstros e nos trouxe até aqui. O desafio agora é como nos livrar deles.

CIDADES, RESISTÊNCIAS E ESPERANÇA

"A gente tá fora do mapa", me disse uma moradora do bairro Vargem Grande, no extremo sul de São Paulo, quando fui até lá fazer uma visita. E é verdade. Na cidade mais rica da América Latina, cerca de quarenta mil moradores vivem ali sem sinal de celular e *internet*, com os filhos frequentando "escolas de lata" – escolas públicas instaladas em contêineres metálicos – e numa situação de abandono pelo poder público. O caso do Vargem Grande não é único, mas retrata com cores duras a desigualdade urbana no Brasil.

As cidades são o espaço de sociabilidade da vida contemporânea e contêm todas as suas virtudes e contradições. A desigualdade social, grande marca do capitalismo, expressa-se nas cidades como desigualdade territorial. Nas metrópoles do Sul global, essa marca é a própria definição da paisagem urbana, dividida em opulência e miséria, em centro e periferias. Numa mesma cidade, convivem índices sociais de países nórdicos e das nações mais pobres do planeta.

São Paulo é um dos exemplos mais extremos dessa desigualdade. Os números são tão chocantes quanto a famosa foto do muro que separa o Morumbi da favela de Paraisópolis. A idade média ao morrer do Jardim Ângela é de cinquenta e oito anos, enquanto a dos Jardins é de oitenta e um anos. Separados por pouco mais de vinte quilômetros, os dois bairros oferecem uma diferença de expectativa de vida de vinte e três anos a seus moradores. São, na verdade, dois mundos distintos.[46]

A divisão das cidades entre *centro* e *periferia* não é um fator ocasional. Foi produzida historicamente, a partir de um modelo de desenvolvimento que está no DNA da formação urbana capitalista.

Cidade como espaço de segregação

Há cem anos, São Paulo era uma cidade com pouco mais de quinhentos mil habitantes e com uma conformação territorial totalmente diferente. O que se conhece hoje como periferia estava fora do mapa urbano, eram áreas rurais. Ricos e pobres compartilhavam os mesmos espaços, os barões do café em palacetes, e os trabalhadores – imigrantes e ex-escravos – em cortiços. O meio de transporte era o bonde, suficiente para deslocar as pessoas na curta distância entre local de moradia e de trabalho. A indústria era incipiente e, em alguns casos, criou as vilas operárias, com casas anexas à própria empresa. É evidente que a segregação já existia – e desde sempre, com corte racial – mas ainda não estava marcada por grandes distâncias territoriais. A organização de clubes negros e de uma imprensa negra em São Paulo, ainda no final do século XIX, já expressava sinais de resistência daqueles que foram jogados à própria sorte

---

46 Cf.: REDE NOSSA SÃO PAULO. *Mapa da Desigualdade 2020 revela diferenças entre os distritos da capital paulista*. 29 out. 2020. Disponível em: https://www.nossasaopaulo.org.br/2020/10/29/mapa-da-desigualdade-2020-revela-diferencas-entre-os-distritos-da-capital-paulista/. Acessado em: 18.03.2022.

CIDADES, RESISTÊNCIAS E ESPERANÇA

nas cidades após a Abolição de 1888, que não foi seguida de qualquer política de inclusão social das pessoas negras.

A Revolução de 1930 desencadeou um processo de industrialização que, pela oferta de empregos nas cidades, fez disparar o êxodo rural e o crescimento urbano. A partir desse momento, há uma profunda transformação urbana, conduzida pelos interesses da especulação imobiliária, que começou a produzir o modelo de cidade que temos hoje. Então, os cortiços são sistematicamente demolidos, o valor dos aluguéis na região central se torna proibitivo, e surgem os loteamentos periféricos.

Os homens de negócios viram aí uma grande oportunidade. Ao expulsar os trabalhadores dos bairros centrais, num verdadeiro processo de higienização, elitizavam essas regiões e valorizavam o preço dos imóveis. E, vendendo novos lotes em áreas distantes a esses mesmos trabalhadores, atribuíam valor ao que antes não tinha. Foi a incrível mágica de transformar hectares em metros quadrados.

Mais do que isso. Os novos loteamentos exigiram do Estado algum grau de investimento em infraestrutura urbana; afinal, os trabalhadores precisavam se deslocar até o centro para cumprirem suas obrigações. O bonde foi substituído pelos ônibus, estradas surgiram no meio do nada, e as redes de água e de energia elétrica tiveram de ser expandidas. O que parecia uma preocupação pública com os moradores expressava, na verdade, o interesse do nascente mercado imobiliário.

Os bairros periféricos foram estrategicamente construídos em áreas muito distantes do centro, o que deixava um imenso vazio urbano intermediário, de maneira que toda a infraestrutura construída – as redes de transporte e de abastecimento – precisava passar por esse vazio para interligar centro e periferia. A presença dos investimentos públicos valorizou incrivelmente essas áreas, vendidas então a preços elevados, transformando-se nos futuros bairros da elite e da classe média. Esse processo dos vazios urbanos, marca da formação de São Paulo e de tantas outras metrópoles, revela o *modus operandi* clássico da especulação imobiliária.

Com isso, foi consagrado um modelo de divisão territorial entre ricos e pobres, centro e periferias. A teimosia de trabalhadores que ousavam buscar morada mais próximas ao centro, com a formação de favelas, foi punida com despejos e violências de toda sorte. Persistem ainda, como marca da resistência, territórios populares em regiões valorizadas de São Paulo, como a favela de Paraisópolis, ao lado do luxuoso bairro do Morumbi, e cortiços em regiões centrais hoje degradadas. Nem todas as cidades conseguiram estabelecer uma segregação territorial tão rígida. No Rio de Janeiro, por exemplo, o estabelecimento das favelas nos morros dificultou a atuação dos especuladores, embora a maior parte dos pobres esteja hoje espraiada nas periferias da zona oeste e da Baixada Fluminense.

A segregação territorial no Brasil tem um forte componente racial. A periferia é essencialmente negra, e o centro, essencialmente branco. Em São Paulo, 60% da população do Jardim Ângela é negra, enquanto, em Moema, 94% da população é branca.[47] É a história de expulsões, de como a

---

[47] RONICK, Raquel. "Negros na cidade de São Paulo: presença invisível ou incômoda?" *Blog Raquel Ronick*, 16 nov. 2011. Disponível

CIDADES, RESISTÊNCIAS E ESPERANÇA

Liberdade, bairro negro, tornou-se um símbolo da imigração japonesa; de como as escolas de samba, eminentemente negras, foram sendo jogadas para o outro lado do rio Tietê; e de tantos outros exemplos. A desigualdade social no Brasil, com seus trezentos anos de escravidão, tem cor, e a composição das periferias urbanas é uma de suas marcas mais visíveis e inquestionáveis.

Esse modelo que condicionou a formação urbana também condiciona seu processo de crescimento. Assim, expansão tornou-se sinônimo de expulsão. O último ciclo brasileiro de valorização imobiliária, iniciado em 2008, é uma expressão exemplar. Nos governos petistas, com investimentos pesados em infraestrutura, mobilidade e moradia, além da facilitação do crédito habitacional aos trabalhadores, impulsionou-se um forte crescimento do mercado imobiliário. Como as regulações urbanas no Brasil são frágeis e ineficientes, esse *boom* foi moldado pelo mercado, que dele se apropriou. Em poucos anos, o valor do metro quadrado nas grandes capitais subiu em torno de 200%, levando também ao aumento médio dos aluguéis em torno de 100%.

Bairros até então periféricos passaram a ser colonizados pela especulação. Onde só existiam casas, muitas vezes erguidas por autoconstrução, torres de edifícios começaram a surgir, e o custo de vida nesses bairros aumentou. A chegada de obras de melhoria urbana ou de uma estação de metrô valorizou o imóvel de quem era proprietário, mas expulsou

---

em: https://raquelrolnik.wordpress.com/2017/11/16/negros-na-cidade-de-sao-paulo-presenca-invisivel-ou-incomoda/. Acessado em: 18.03.2022.

aqueles que moravam de aluguel. Portanto, quando os benefícios tão aguardados enfim chegaram aos bairros, muitos moradores simplesmente não puderam usufruir deles, uma vez que a nova dinâmica local forçava-os a buscar moradia em regiões ainda mais distantes. Em São Paulo, esse fenômeno foi visível em bairros como Itaquera, na zona leste, que expulsou muitos de seus moradores para Guaianazes, Itaim Paulista e Cidade Tiradentes; ou no Campo Limpo, na zona sul, cujo aumento do preço do aluguel empurrou milhares de pessoas para o Capão Redondo, Taboão da Serra e Embu. A expansão novamente expulsava.

Lembro-me de uma conversa com Dona Dida, uma senhora que foi morar na ocupação Copa do Povo, organizada pelo MTST em 2014, no bairro de Itaquera. No interior de seu barraco, ela me contava o que a levou para lá. Ganhava R$ 900 com seu trabalho de faxineira e, de um momento para o outro, seu aluguel subiu de R$ 400 para R$ 700. "Como eu ia dar de comer pros meus filhos e ainda pagar as contas com os R$ 200 que sobravam?" Essa questão dramática não era apenas dela, tendo sido enfrentada por milhares de famílias pobres nas cidades de todo o Brasil. A conta não fechava: era comer ou pagar aluguel. Isso levou à mudança de muita gente para bairros mais distantes e também ao aumento das ocupações urbanas.

Com o neoliberalismo, a especulação imobiliária foi sofisticada pelo processo de financeirização da terra urbana. Os imóveis tornaram-se ativos financeiros abstratos, títulos negociados na bolsa pelos fundos imobiliários. Esse novo salto está na raiz da crise dos *subprimes* dos Estados Unidos, que desencadeou o *crash* de 2008. Títulos imobiliários e hipotecas são negociados de mão em mão, sem qualquer controle

CIDADES, RESISTÊNCIAS E ESPERANÇA

público, inviabilizando a política de planejamento urbano. Não há mais qualquer conexão entre o ativo financeiro e o território real, com seus usos sociais concretos, onde vivem as pessoas de carne e osso. Nessa linha, a urbanista Raquel Rolnik, que estudou a fundo a financeirização das cidades, cita o caso de suntuosas torres vazias em Dubai, cuja construção não tinha qualquer objetivo de uso, mas simplesmente de valorização financeira.[48] Nas cidades europeias, por sua vez, a financeirização, por meio da modalidade de locação social, praticamente liquidou os parques públicos criados no pós-guerra, os quais acabaram sendo financiados aos próprios moradores, que se tornaram, então, devedores.

O crescimento da corrupção imobiliária foi um subproduto desse processo todo. Escondidos atrás de fundos *offshores* em paraísos fiscais, políticos e empresas lavam dinheiro com imóveis nas regiões mais valorizadas. Apenas na cidade de São Paulo são três mil quatrocentos e cinquenta e dois imóveis, com valor estimado em U$ 2,7 bilhões[49] e dos quais se desconhecem os proprietários finais. Estão localizados, em sua maioria, nas avenidas Luís Carlos Berrini, Paulista, Faria Lima e nos Jardins, alguns dos metros quadrados mais caros do país.

Essa combinação de segregação com financeirização produziu aquilo que David Harvey, o maior pensador da

---

[48] Cf.: ROLNIK, Raquel. *Guerra dos lugares*: a colonização da terra e da moradia na era das finanças. São Paulo: Boitempo, 2015.

[49] BARBOSA, Bernardo. "Empresas ligadas a paraísos fiscais têm mais de R$ 8 bi em imóveis em São Paulo". *UOL*, 10 abr. 2017. Disponível em: https://noticias.uol.com.br/cotidiano/ultimas-noticias/2017/04/10/empresas-ligadas-a-paraisos-fiscais-tem-mais-de--r-8-bi-em-imoveis-em-sao-paulo.htm. Acessado em: 18.03.2022.

questão urbana na atualidade, chama de "cidades-fantasma". Ao longo das últimas décadas, as cidades foram perdendo sua principal característica: propiciar a convivência. A divisão entre centro e periferia é um grande marco, mas o isolamento como traço das relações urbanas foi aprofundado ainda por outros fatores. Os espaços públicos, cada vez mais esvaziados, foram sendo paulatinamente privatizados e cederam lugar a locais de encontro homogêneos e controlados. Os mais ricos se enclausuram em condomínios residenciais fechados, cercados por muros e cercas elétricas. Exercem suas profissões em condomínios empresariais, com acesso controlado, e dedicam as horas de lazer e consumo em *shopping centers*, vigiados por câmeras e seguranças. A cidade transformou-se, para eles, num mero local de passagem a bordo de seus automóveis.

A convivência urbana dá lugar ao isolamento. Nesse cenário, a deterioração ou extinção dos espaços públicos, definidos como "perigosos", retira da agenda pública o direito à cidade. Fora dos espaços privados, temos uma cidade-fantasma. Ao restringir a convivência, esse processo fomenta valores e sentimentos que ajudam a explicar, inclusive, o caldo de cultura que permitiu a ascensão da extrema-direita em várias partes do mundo. O outro se converte num elemento estranho, um risco à minha própria existência. Sem convivência, a indiferença com gente jogada debaixo de viadutos ou implorando por comida nos semáforos torna-se mais natural, assim como a intolerância ao diverso, que aparece como ameaçador. Para ilustrar a questão, cito um exemplo breve, mas preciso. Certa vez, participando da distribuição de marmitas para pessoas em situação de rua, um sem-teto me contou a principal dificuldade que tinha para abordar alguém e pedir esmola para comer: "as

CIDADES, RESISTÊNCIAS E ESPERANÇA

pessoas têm medo de mim, parece até que eu não sou gente igual a elas".

Movido pelo medo, o anseio por um pulso firme que proteja "a mim e minha família" de riscos de violência, os quais são alimentados diariamente pela mídia, transforma-se em visão de mundo. A segregação dá asas, enfim, ao autoritarismo. O bolsonarismo soube utilizar perfeitamente esse medo como ferramenta política. O discurso de segurança pública que divide o mundo em cidadãos de bem e bandidos encontra eco profundo nesse ambiente urbano desumanizado. Daí a chegarmos na máxima de "bandido bom é bandido morto" e em gestos de barbárie coletiva, como amarrar uma pessoa a um poste e espancá-la, é apenas um passo. Afinal, na psicologia da guerra, o inimigo deve ser eliminado.

O ideal de cidade moldado pelo mercado é que a periferia só exista para limpar os banheiros das pessoas que vivem no centro, entrando de cabeça baixa pelo elevador de serviço, ou para servir-lhes nos restaurantes, sorridente à espera de uma gorjeta. Mas a periferia existe. E resiste. Quando visitei os territórios palestinos, no vale do rio Jordão, me deparei com uma frase nas paredes de uma casa que ficava numa comunidade demolida várias vezes pelo exército israelense e sempre reconstruída pelos moradores. Dizia assim: "existir é resistir". Para aquelas pessoas, fincar o pé ali e sobreviver, diante das tentativas de apagar sua existência, eram por si só grandes gestos de resistência. O povo das periferias urbanas também constrói diariamente suas próprias estratégias de sobrevivência como resistência.

Cidade como espaço de resistência e esperança

Olhar as periferias apenas como carência é desconhecê-las. Se ainda restam resíduos de convivência comunitária em nossas selvas de pedra, eles estão nas periferias. Deixar os filhos com os vizinhos enquanto se vai ao mercado, chamar os conhecidos do bairro para ajudar a "encher" uma laje e depois fazer o churrasco na calçada, ou a criançada jogando bola na rua são fenômenos quase impensáveis em bairros centrais. Eles ainda persistem, mesmo com todo desenraizamento, nas periferias.

É também das periferias que surgiram algumas das mais combativas formas de resistência do século XXI no Brasil e na América Latina. Aliás, cabe aqui uma analogia com a leitura marxista sobre o processo de industrialização. Ao analisar a concentração dos trabalhadores na grande indústria, que rompe com a atomização da produção artesanal e rural, Marx constata que o capitalismo criou as condições para o movimento operário moderno. A existência de milhares de trabalhadores reunidos no mesmo espaço, sob as mesmas condições de exploração criou identidade coletiva e a consciência de classe. A partir disso, os operários se organizaram em sindicatos, tendo a greve como principal forma de luta.

A urbanização periférica produziu um fenômeno semelhante. Ao jogar milhões de trabalhadores nas periferias, sob as mesmas condições de vida e compartilhando das mesmas carências, o capitalismo também proporcionou a criação de identidades coletivas e processos de resistência. O processo de precarização do trabalho pelo neoliberalismo

CIDADES, RESISTÊNCIAS E ESPERANÇA

também afetou a organização sindical dos trabalhadores. É muito mais difícil criar identidade e luta conjunta entre trabalhadores com alta rotatividade no emprego, trabalho intermitente ou por conta própria e outras formas de fragmentação das relações de trabalho. A coesão da classe operária industrial foi cedendo espaço para uma atomização crescente. Isso deslocou a construção de muitas identidades coletivas para as periferias, fazendo com que os movimentos sociais desses locais ganhassem cada vez mais protagonismo. A partir do bairro, o povo das periferias foi construindo lutas por moradia, saneamento básico, equipamentos públicos, mobilidade, cultura e outras pautas de direito à cidade.

No Brasil, essas lutas tiveram um momento importante ainda nas décadas de 1970 e 80, durante a ditadura militar, através das Comunidades Eclesiais de Base. Nessa época, surgiram importantes movimentos de luta por saúde pública, moradia, redução do custo de vida e ampliação da oferta de vagas em creches.

No entanto, os movimentos territoriais das periferias ganharam de fato maior protagonismo nas últimas duas décadas. A primeira grande explosão foi na Argentina, com os piqueteiros. A partir dos bairros da periferia de Buenos Aires, além de lutas contra demissões em outras partes do país, formou-se um grande movimento de desempregados que foi capaz de parar a Argentina e derrubar três presidentes do país em poucos meses. Os piqueteiros bloqueavam pistas para denunciar o desemprego, então em 23%, e exigir políticas públicas de criação de postos de trabalho. Conquistaram um programa social – os chamados *planes* – que fomentou iniciativas de trabalho cooperativo, associadas muitas vezes à alimentação comunitária (os *comedores*) e à prestação de serviços de infraestrutura em bairros populares. Além de salvar muita gente da miséria extrema, os *planes* também foram um instrumento de organização popular nos territórios, tanto é que as organizações piqueteiras mantêm uma forte atuação até hoje.

Em 2012, visitei uma comunidade na periferia de Buenos Aires onde a limpeza urbana é feita de forma cooperativa, a padaria coletiva garante pão e leite para os moradores, e a rádio comunitária é escutada por muita gente. O processo de desenraizamento produzido pela forma de urbanização capitalista – baseado no individualismo e na competição entre as pessoas – foi cedendo espaço a redes de apoio mútuo e à retomada de um vínculo comunitário perdido. Os processos de luta e resistência têm imenso potencial criativo e abrem espaço para novas relações de convivência. A partir dessas experiências, uma das organizações piqueteiras cunhou um mote bastante simbólico: "a nova fábrica é o bairro".

Apesar de suas conquistas na Argentina, o exemplo mais forte desse potencial talvez esteja na Bolívia. Com uma urbanização mais tardia, forçada pela privatização das minas e projetos de erradicação do plantio tradicional da folha de coca, as cidades bolivianas mantiveram muito do caldo comunitário indígena. No século XXI, isso se traduziu em duas grandes revoltas urbanas. A primeira delas foi a Guerra da Água, em 2000, organizada a partir dos bairros de Cochabamba para lutar contra a privatização da empresa de saneamento que, após ser vendida a uma transnacional francesa, aumentou em 300% o valor da tarifa de água. Nem o decreto de estado de sítio e a mobilização do exército local foi capaz de deter a mobilização popular. Resultado: a venda da empresa de saneamento foi revertida.

CIDADES, RESISTÊNCIAS E ESPERANÇA

A segunda revolta foi em 2003, quando explodiu a Guerra do Gás, também urbana, em El Alto. A tentativa do governo de construir um gasoduto para enviar gás boliviano a baixo custo para os Estados Unidos e para o México gerou uma revolta que bloqueou os acessos à capital La Paz por vários dias. O exército foi novamente chamado e realizou um massacre, com mais de setenta pessoas mortas. As imagens do conflito são chocantes, com militares em tanques blindados atirando a esmo contra os moradores. A resistência, no entanto, intensificou-se ainda mais, o que provocou a derrota do projeto e a derrubada do presidente, que pegou um avião direto para Miami.

El Alto é um caso emblemático de organização periférica. Uma cidade que foi erguida ao entorno de La Paz, com quase um milhão de habitantes, e inteiramente periférica. À época, não tinha infraestrutura nem serviços públicos. Sua localização estratégica – é a única entrada de La Paz, sediando inclusive o aeroporto internacional – permitiu aos movimentos locais pararem o país. A organização comunitária construiu uma verdadeira experiência de poder popular. Cada quadra tem uma espécie de associação – as *juntas vecinales* –, que toma as principais decisões sobre o território e dirime os conflitos, tudo em assembleias. É uma herança da organização comunitária indígena. E essas juntas se articulam numa federação – a FEJUVE, de El Alto –, o principal espaço de decisão política da cidade, um tipo de prefeitura popular. Não por acaso, o povo de El Alto teve um papel decisivo na resistência ao golpe contra Evo Morales em 2019.

No Brasil, não tivemos experiências com esse alcance, mas o crescimento e o protagonismo dos movimentos periféricos nas últimas duas décadas também são marcantes. As lutas mais expressivas têm se organizado em torno da pauta da moradia, com atuação destacada do MTST, hoje o maior movimento popular urbano do país. Com grandes ocupações em terrenos abandonados, organiza dezenas de milhares de pessoas para exigir do Estado políticas públicas de habitação. Esse caráter reivindicativo é sua face mais visível, mas não é a única. As ocupações são, na verdade, um verdadeiro polo de organização de lutas periféricas.

O MTST esteve, nos últimos anos, na linha de frente de mobilizações por saúde, creches, transporte público, áreas de lazer e outras pautas de direito à cidade, a partir de uma articulação em rede com comunidades periféricas nas regiões vizinhas às ocupações. Apenas na região metropolitana de São Paulo, o Movimento tem hoje mais de cento e vinte núcleos territoriais, e seus coordenadores, eleitos pelos próprios moradores, têm a tarefa de organizar lutas nos bairros. Muitas conquistas locais – quase sempre invisibilizadas – foram possíveis por meio dessa rede periférica. Os Territórios Sem Medo, construídos a partir de 2015, com a criação da Frente Povo Sem Medo (FPSM), também cumprem esse papel nas regiões em que estão presentes. Mais recentemente, as cozinhas solidárias têm sido um exemplo de auto-organização de comunidades para combater o avanço devastador da fome no país, funcionando também como espaços de encontro.

Outro espaço potente de articulação periférica tem sido os coletivos de cultura espalhados pelo país. Saraus, batalhas de rima, *slam*, rodas de samba, *hip-hop*, literatura marginal e tantas outras expressões da cultura popular reúnem os fazedores de cultura da periferia na disputa

CIDADES, RESISTÊNCIAS E ESPERANÇA

de valores de uma nova geração. A visão simplista de que as periferias incorporaram valores de direita ignora o enraizamento e força desses movimentos. Em geral, os coletivos locais, compostos majoritariamente por jovens, muitos deles sendo a primeira geração da família a ter acesso à universidade. O processo de democratização do ensino superior por políticas públicas dos governos petistas, além de políticas de incentivo como os pontos de cultura, deixou uma marca importante nos territórios populares. Surgiu uma juventude engajada, com pautas antirracistas, feministas e de diversidade sexual, que tem forte disposição para o enfrentamento às desigualdades. Nesse mesmo caldo, está a proliferação de cursinhos populares gratuitos, com professores voluntários, para facilitar o acesso desses jovens à universidade. A velha toupeira segue cavando, mesmo que muitos não a vejam.

Do solo periférico, brotam, portanto, valiosos processos de resistência, ainda que os tempos do desabrochar nem sempre sejam aqueles que gostaríamos; afinal, o silenciamento e a opressão seculares cobram seu preço. Mas a construção é sólida e permaneceu viva mesmo num cenário tão desfavorável como o do governo Bolsonaro. A periferia é um espaço de carências e sofrimentos – "um coração ferido por metro quadrado", nas palavras de Mano Brown[50] –, mas também um espaço de organização e mobilização coletivas. É onde ainda se encontra a convivência em nossas cidades-fantasmas tão impessoais e hostis.

---

50 PEREIRA, Pedro Paulo Soares. "Vida loka: parte 2". *In*: RACIONAIS MC'S. *Nada como um dia após o outro dia*. São Paulo: Cosa Nostra, 2002.

Do solo periférico, também brota esperança. A dinâmica de segregação urbana é uma máquina de moer subjetividades. Porém, do mesmo modo que há resistências pulsantes, há também iniciativas que resgatam a paixão pela vida e vínculos de solidariedade. Nossas cidades são essa amálgama de sofrimentos e lutas, de depressão e esperança. São o principal campo de batalha para a disputa do que virá. Ao fim, sempre está a questão lacaniana: o que faremos com o que fizeram de nós?

Ao contrário do que se pode pensar, os conflitos subjetivos estão longe de ser um problema menor, e seu impacto na sociedade é poderoso. A desesperança é um dos grandes sinais de nossos tempos e reflete uma sociedade hiperindividualizada e carente de espaços de sociabilidade. É um sintoma de nossas patologias sociais, eminentemente urbanas. Nas grandes cidades, as pessoas estão cada vez mais solitárias no meio das multidões. São Paulo é novamente um caso emblemático. Um estudo da Organização Mundial da Saúde realizado em cidades de vinte e quatro países colocou a capital paulista na liderança mundial de incidência de transtornos mentais. Entre os problemas relatados, sobressaíram-se a ansiedade (19,9% dos entrevistados) e a depressão (11% dos entrevistados).[51] Como se sabe, a depressão é atualmente a principal causa de incapacitação para o trabalho no mundo.

Na organização coletiva das periferias, sobretudo nos movimentos sociais, existem portas de saída para essa

---

[51] CASTRO, Fábio de. "Grande São Paulo tem alta prevalência de transtornos mentais". *Agência FAPESP*, 27 fev. 2012. Disponível em: https://agencia.fapesp.br/grande-sao-paulo-tem-alta-prevalencia-de-transtornos-mentais/15215/. Acessado em: 18.03.2022.

CIDADES, RESISTÊNCIAS E ESPERANÇA

existência sem cor. Na organização coletiva das ocupações dos sem-teto, como vimos, há um potencial incrível de ressignificação da vida. Além da disputa territorial em defesa da moradia digna, os acampamentos têm um papel de resgate da solidariedade. As iniciativas de trabalho coletivo nas ocupações vão desde as cozinhas comunitárias até a construção das casas definitivas, passando pelos mutirões nas tarefas do dia a dia. Numa ocupação, ninguém é só mais um. O sentimento de que a chance de conquista está na força coletiva estimula o envolvimento de cada pessoa na organização e na luta e cria um ambiente de cooperação.

Cravadas nas grandes cidades, em meio a relações hostis, as ocupações possibilitam um novo brilho para gente tratada como nada. No estudo a que me referi anteriormente, sobre a incidência de sintomas depressivos entre os sem-teto, tive a oportunidade de conversar com dezenas de pessoas que tiveram episódios de depressão. Aprendi muito nessas conversas e me emocionei a cada relato de como a vivência coletiva nas ocupações abriu novos horizontes para as pessoas.

"Eu me sentia pior do que chinelo de um real", cravou uma sem-teto, falando de suas experiências de sofrimento, solidão e invisibilidade. É a síntese de milhares de dores silenciadas, entre becos e vielas, de quem está na subcidadania brasileira. Ser invisível não é não ser visto, é ser tratado como ninguém. Humilhação social, carência econômica, violência familiar, não ter ninguém para desabafar, tudo isso vai diminuindo as pessoas e devastando autoestimas, num ciclo que muitas vezes termina na depressão profunda, na perda da vontade de viver.

A convivência coletiva num ambiente solidário, por sua vez, "faz a chave virar". Estão todos no mesmo barco, ninguém ali é inferior. Um morador de uma ocupação na zona leste de São Paulo relatou essa transição de forma tocante: "parece que eu estava dentro de um casulo preso, hoje em dia eu me sinto importante aqui dentro. Eu vejo que eu sou alguém de novo, que eu tenho voz. Eu vejo que as pessoas me enxergam de novo como alguém, e é uma coisa que eu achava que não tinha mais, eu não tinha mais esse brilho que eu vejo que o MTST me deu hoje".

Outra moradora precisou o momento de virada, relatando uma reunião do grupo da ocupação que definiria os coordenadores de cada quadra: "eu entrei no meio e falei alto, e todo mundo me escutou. Aí aquela dos olhos verdes, a Luciana, falou assim: 'agora você vai ser uma das coordenadoras'. E eu disse: 'não, Luciana, eu não sei ler nem escrever'. E ela disse assim: 'isso não importa, o que importa é que você falou, e todo mundo te escutou'. Aí foi quando eu me senti mais segura. Eu me senti segura porque aqui dentro eu achei alguém que me apoiasse, me escutasse, enquanto fora eu não achava".

Como se pode notar pelo relato acima, o simples ato de escuta pode fazer toda a diferença para reerguer pessoas destroçadas pela barbárie cotidiana das nossas cidades. Outro exemplo interessante é relatado pela prefeita de Barcelona, Ada Colau. Ao comentar sobre a experiência da Plataforma dos Afetados por Hipotecas (PAH), que surgiu para organizar a luta das pessoas que perderam suas casas na Espanha após o estouro da bolha imobiliária em 2008, ela relata a passagem "do Prozac ao empoderamento", o que ocorria a partir de assembleias nas quais pessoas que

CIDADES, RESISTÊNCIAS E ESPERANÇA

perderam tudo podiam compartilhar entre si suas histórias e pensar juntas formas de reação.[52]

Em outra ocasião – em 2002, na periferia de Buenos Aires –, pude presenciar o encontro de um "grupo de reflexão", espaço do movimento piqueteiro para escuta das trajetórias de cada participante. Foi uma das experiências mais fortes que tive na vida militante. Tinha acabado de ocorrer um massacre numa manifestação feita pelo movimento, com dois militantes mortos pela polícia argentina e vários feridos à bala. A maioria das pessoas presentes naquela roda haviam estado na manifestação e sofrido o trauma. Conduzido por dois psicanalistas, o encontro rapidamente saiu do pesado silêncio e transformou-se numa catarse coletiva, com muito choro e resgate de histórias de vida de cada um, histórias marcadas por violência e despertadas com o gatilho do massacre. As pessoas saíram de lá mais fortes. Eu saí de lá decidido a estudar psicanálise, que pouco conhecia, após testemunhar o quão importante pode ser um espaço de escuta qualificada.

A potência que nasce quando as pessoas percebem que seu problema não é apenas seu, mas de muita gente, e que se pode contar com a ajuda dos outros para resolvê-lo é impressionante. Nesses inúmeros processos coletivos, a esperança renasce. Novos horizontes se abrem, a partir de um modo de relação social fundado na solidariedade, não mais no "cada um por si". Essas pequenas experiências, por mais que sejam ainda localizadas, apontam um caminho

---

[52] Cf.: COLAU, Ada; GARCÍA, Adria Alemany. *Vidas hipotecadas*: de la burbuja inmobiliaria al derecho a la vivienda. Barcelona: Lectio Ediciones, 2012.

em direção ao modelo de sociedade pelo qual lutamos. Elas sozinhas não mudam o mundo. A disputa pelo futuro passa por conquistar maiorias na sociedade, por espaços no poder de Estado e pela capacidade de mobilização social. Mas a organização coletiva das periferias mostra, com mais força que qualquer teorema, que isso é possível. Um quilo de exemplo vale mais que uma tonelada de argumento, disse certa vez um amigo. É verdade. E esses exemplos são cruciais para manter nossa esperança viva.

O BRASIL
PÓS-BOLSONARO

Quando Atenas foi destruída e saqueada pelos persas, antes de vencer as Guerras Médicas no século V a.C., sobraram apenas ruínas. Depois do desastre de Bolsonaro, uma pandemia e sete anos de selvageria neoliberal, o Brasil é um país arruinado. E tal como Atenas, antes de recuperar seu brilho, passará por um árduo esforço de reconstrução. Bolsonaro conseguiu transformar nossas maiores potencialidades em defeitos.

O país que tem um sistema público de saúde universal e um programa de imunização de referência internacional foi um dos que pior enfrentou a pandemia da COVID-19. O país com vastas terras agricultáveis e que está entre os maiores exportadores de alimentos do mundo voltou ao mapa da fome. O país da floresta amazônica e que avançou durante décadas na produção de energias limpas e renováveis tornou-se um pária ambiental e exemplo do que não deve ser feito para combater as mudanças climáticas.

O desafio é grandioso. Nesse contexto, muito me marcou o que uma senhora me disse em frente ao seu barraco, durante a última campanha eleitoral: "antes eu tinha certeza de que meu filho ia viver melhor do que eu, agora eu não sei o que a gente vai comer na semana que vem". Esse sentimento de perda de perspectiva reflete hoje a alma nacional. Recuperar a esperança no futuro vai exigir de todos nós um esforço coletivo nos próximos anos.

Brasil, terra arrasada

Reconstruir não é retomar a idealização do passado. É uma oportunidade de ir além. Aliás, Atenas teve seus dias mais gloriosos, o chamado período clássico, justamente após a reconstrução. E como dizia um filósofo grego daquele tempo, Heráclito, nunca nos banhamos duas vezes no mesmo rio, porque as águas não são as mesmas, nem nós. Os desafios da nossa reconstrução passam por várias dimensões, em especial a econômica, a social e a política.

Na economia, Bolsonaro aprofundou a agenda neoliberal que havia sido implementada por Michel Temer e Henrique Meirelles após o golpe de 2016. O grande mantra era cortar gastos públicos e reduzir a dívida para obter a confiança dos investidores internacionais. Foi com esse argumento que Temer e o Congresso aprovaram, ainda em 2016, o Teto de Gastos, regra fiscal sem paralelo no mundo, que determinou o congelamento dos investimentos públicos por vinte anos. Cinco anos depois, a prometida confiança não deu seu ar da graça, e somente o SUS perdeu R$ 22 bilhões, o que impactou sua possibilidade de enfrentamento à pandemia.[53] Logo após, foi a vez da Reforma Trabalhista, com o pretexto de modernizar as relações de trabalho e

---

[53] MORETTI, Bruno; FUNCIA, Francisco; OCKÉ, Carlos. "O teto dos gastos e o 'desfinanciamento' do SUS". *Observatório da Economia Contemporânea*, 15 jul. 2020. Disponível em: https://diplomatique. org.br/o-teto-dos-gastos-e-o-desfinanciamento-do-sus/. Acessado em: 18.03.2022.

O BRASIL PÓS-BOLSONARO

reduzir o chamado "custo Brasil". Temer, inclusive, foi a público anunciar que a medida criaria dois milhões de empregos. O resultado foi a explosão do trabalho precário no país e, pasmem, o aumento do desemprego. Em 2014, antes de começar o ciclo de políticas neoliberais, a taxa de desemprego era de 4,8%. Em 2021, depois da devastação e das falsas promessas, ela chegou a 12,6%.

A escolha entre direitos e empregos – alardeada inclusive por Bolsonaro na campanha presidencial – era, como já vimos, uma grande cilada. Os trabalhadores brasileiros perderam seus direitos e os empregos não vieram. Já no governo Bolsonaro, com Paulo Guedes à frente da economia, a nova boia de salvação foi a Reforma da Previdência. Reciclaram o velho discurso de reduzir o déficit para atrair confiança do mercado e aprovar mudanças que fazem os brasileiros trabalharem por mais tempo e ganharem aposentadorias menores. Dedicaram tanto tempo de propaganda atacando os privilégios que acabaram se esquecendo de combater os privilégios realmente existentes. As polpudas aposentadorias especiais da cúpula das Forças Armadas e do Judiciário permaneceram intocadas com a reforma.

Utilizando-se ainda do argumento da crise fiscal, Guedes voltou suas baterias contra as empresas públicas estratégicas, oferecendo-as no balcão das privatizações. O Congresso aprovou a proposta do governo para autorizar a venda da Eletrobras e dos Correios. A meta é entregar o controle do setor elétrico nacional à iniciativa privada, provavelmente estrangeira, além de se desfazer de uma das maiores empresas de entrega e logística do planeta – lucrativa, inclusive – e capilarizada em todos os municípios brasileiros. Ao melhor estilo da doutrina do choque, essas iniciativas foram passando, em meio ao caos da pandemia, sem reação da sociedade e sob efusivos aplausos do mercado. No mesmo período, aprovaram também a autonomia do Banco Central, o que, na prática, diminui drasticamente a capacidade dos representantes eleitos de definirem a política monetária do país, terceirizada aos "técnicos" cuidadosamente sugeridos pelas instituições financeiras.

Toda essa destruição foi feita com os argumentos de reduzir a dívida pública para atrair investimentos privados e, consequentemente, gerar empregos. Qual não é a surpresa da nação ao constatar, cinco anos depois, que o efeito foi justamente o inverso. O desemprego cresceu, chegando a 13,5%, quadro agravado ainda mais pelo aumento do subemprego e das taxas de desalento, situação quando as pessoas desistem da busca por trabalho diante da falta de oportunidades. Ainda mais impressionante é observar os dados da dívida pública. Antes desses "maníacos da tesoura" iniciarem os cortes indiscriminados no gasto público, exatamente para reduzir a dívida, ela representava 66% do PIB. Hoje ela representa 87%.[54] As razões são óbvias: a redução do investimento público contribui para a estagnação econômica, reduzindo o crescimento do PIB e a própria arrecadação do Estado. Fica evidente que o grande objetivo era aumentar o lucro das grandes corporações e, ao mesmo tempo, achatar os salários e garantir que o pagamento dos juros da dívida aos bancos e fundos financeiros seja feito sem percalços. Para

---

[54] RIBEIRO, Mariana; OTTA, Lu Aiko. "Dívida bruta deve passar de 87% do PIB neste ano, prevê Tesouro". *Valor*, 29 abr. 2021. Disponível em: https://valor.globo.com/brasil/noticia/2021/04/29/divida-bruta-deve-passar-de-87percent-do-pib-neste-ano-preve-tesouro.ghtml. Acessado em: 18.03.2022.

O BRASIL PÓS-BOLSONARO

tanto, prejudicaram milhões de trabalhadores, sucatearam ainda mais os serviços públicos e destruíram instrumentos fundamentais do Estado para incidir na economia.

A operação contou ainda com o esvaziamento das políticas sociais erguidas durante os governos de Lula e Dilma. A principal delas, o Bolsa Família, responsável por tirar dezenas de milhões de brasileiros da miséria, foi formalmente extinta no fim de 2021. Em substituição, Bolsonaro criou o Auxílio Brasil que, além de não contar com critérios claros até o presente momento, tem validade apenas até o final do ano eleitoral de 2022. Antes disso, com um argumento ideológico tacanho, Bolsonaro já havia encerrado o programa Mais Médicos, expulsando dez mil médicos cubanos que faziam o trabalho de atenção primária nas regiões mais necessitadas do país.

Outros programas sociais não foram formalmente extintos, mas cinicamente esvaziados. É o caso do Minha Casa Minha Vida, responsável pelo financiamento de cinco milhões de habitações em uma década, que ficou sem orçamento e foi "substituído" pelo Casa Verde e Amarela, nada mais que uma linha de crédito imobiliário para pessoas que demonstram maiores condições de pagamento. Nesse quadro nefasto de desmonte, talvez o caso mais emblemático seja o das políticas de segurança alimentar, considerando a explosão da fome no Brasil. O Programa de Aquisição de Alimentos (PAA), que comprava de pequenos produtores e distribuía em rede nas cidades, teve o orçamento zerado. Linhas de crédito e apoio à agricultura familiar foram cortadas, e a Companhia Nacional de Abastecimento (CONAB) teve dezenas de armazéns vendidos. É importante destacar que A CONAB garantia estoques reguladores de alimentos, colocados no mercado em situações de escassez ou inflação, como a atual, precisamente para regular os preços.

Além dos programas sociais, o desinvestimento em áreas estratégicas, como educação, ciência e tecnologia, é gritante. O governo Bolsonaro não abriu um único campus universitário federal, cortou bolsas de pesquisa e, em 2021, contingenciou 92% do orçamento do Ministério da Ciência, Tecnologia e Inovações.

Para coroar o desastre, Bolsonaro deteriorou o ambiente democrático no Brasil ao abrir feridas difíceis de cicatrizarem. Herdeiro da tradição autoritária do general Sylvio Frota, que tentou um golpe contra Geisel em 1978, Bolsonaro pertence à ala militar que nunca aceitou a transição democrática dos anos 1980, mesmo com todos os limites e contradições desta, os quais garantiam, inclusive, impunidade aos crimes cometidos pela ditadura. Se lermos o manifesto de Frota, escrito à época da tentativa fracassada de golpe dentro do golpe, ali estão os impropérios contra o comunismo, os ataques ao fim da censura à imprensa e as críticas à aproximação de Geisel com a China, em defesa de um alinhamento servil aos Estados Unidos. O repertório é inconfundível. Mas a relação do bolsonarismo com a linha dura dos militares é de continuidade não apenas no discurso; ela se manifesta também nos nomes. Augusto Heleno, ministro do Gabinete de Segurança Institucional do governo de Bolsonaro, era nada menos que o ajudante de ordens de Sylvio Frota, tendo sido exonerado com ele após o golpe que não vingou.

O próprio Bolsonaro nunca escondeu sua adesão a essa linha dura. Ao contrário, faz questão de exaltar torturadores, insinua o fechamento do Congresso e do Supremo em

O BRASIL PÓS-BOLSONARO

diversas ocasiões e chegou a fazer manifestação em defesa do AI-5, o decreto mais brutal da ditadura. Não surpreenderam a ninguém, portanto, suas iniciativas antidemocráticas ao longo de todo o mandato. E ele não se limitou a bravatas, atuou de forma a deixar sequelas para a governabilidade futura no país, num casamento de conveniência de autoritarismo com hiperfisiologismo.

De um lado, Bolsonaro militarizou a máquina pública de modo nunca visto. Nem durante a ditadura houve tantos militares, de diversas patentes, em cargos comissionados da administração federal. Estima-se em mais de seis mil. Esse não é um legado tão fácil de reverter, na medida em que a reação de setores das Forças Armadas à perda desses espaços para civis é incerta e preocupante. De outro lado, para assegurar apoio parlamentar e evitar o risco de *impeachment*, Bolsonaro entregou os anéis e os dedos ao Centrão. O chamado orçamento secreto é, na verdade, um loteamento do orçamento da União a interesses locais de deputados e senadores, por meio de emendas parlamentares. A troca de apoio ao governo por cargos e emendas, sejamos justos, foi feita por todos os governos e compõe o sistema viciado de relação entre os poderes no país. A questão é que Bolsonaro inflacionou o preço da governabilidade, elevando a proporção das emendas no orçamento a níveis nunca vistos. Na prática, o Estado perdeu a capacidade de planejamento e o presidente da Câmara, Arthur Lira, tornou-se quase um primeiro-ministro. Como desfazer essa verdadeira privatização do orçamento público a interesses paroquiais? Definitivamente, não será fácil.

O governo Bolsonaro devastou o Brasil econômica, social e politicamente. A desigualdade voltou a crescer, a fome e a inflação assolam milhões de pessoas, e o Estado teve seus instrumentos de ação picotados. O Centrão reina absoluto, com suas práticas corruptas e clientelistas, enquanto os militares, por sua vez, nunca tiveram tanto poder sobre a política desde a ditadura. Esse é o cenário de terra arrasada que qualquer governo que venha após Bolsonaro encontrará. Os problemas são muito mais graves, e as soluções exigirão maior ousadia.

2023 não é 2003

Duas décadas podem separar duas realidades totalmente distintas. Qualquer comparação entre o Brasil que Lula encontrou ao chegar pela primeira vez à Presidência da República e o que ele poderá encontrar se vencer novamente é mera ficção. O Brasil pós-FHC era um país, o Brasil pós-Bolsonaro será inteiramente outro. Por mais que houvesse de fato uma "herança maldita" – resultado da desindustrialização, das privatizações e da crise energética –, a situação da economia, inclusive internacionalmente, era bem mais favorável em 2002. Além disso, FHC não assanhou os militares e nem fortaleceu uma cultura autoritária.

O governo Lula soube utilizar como poucos o *boom* no preço das *commodities*, motivado pelo crescimento do PIB chinês a dois dígitos, para impulsionar o crescimento econômico brasileiro. A expansão do crédito, o Bolsa Família e a política de aumento progressivo do salário-mínimo ampliaram o mercado interno de consumo, fazendo a economia girar, com a geração de milhões de novos empregos. Num segundo momento, o investimento público em infraestrutura e habitação, através do PAC e do Minha Casa Minha Vida,

O BRASIL PÓS-BOLSONARO

fez com que o país chegasse próximo do desemprego zero e reagisse de forma anticíclica à explosão da crise internacional de 2008. Esses acertos deram a Lula, no final de seu segundo mandato, aprovação próxima de 90% da sociedade e permitiram a eleição de Dilma Rousseff como sucessora.

O contexto de crescimento econômico – em parte pela situação internacional, em outra parte como resultado das políticas do próprio governo – possibilitou a Lula promover avanços sociais importantes mesmo sem realizar reformas estruturais. A vida do povo melhorou, as pessoas conquistaram mais direitos, mas as elites mantiveram intocados muitos de seus privilégios. Foi a famosa equação do "ganha-ganha": ganham simultaneamente os de cima e os de baixo. Os sem-terra e a agricultura familiar receberam programas de assentamentos e crédito, e o agronegócio prosperou como nunca. Os trabalhadores melhoraram sua renda, e os grandes empresários aumentaram seus lucros. Os sem-teto tiveram um programa habitacional, e as empreiteiras também tiveram amplos financiamentos. Essa difícil conciliação de interesses teve como alicerce uma série de investimentos sociais feitos através de manejo orçamentário, com o aumento da arrecadação. Os pobres "entraram no orçamento", como costuma dizer o próprio Lula.

O Brasil pós-Bolsonaro simplesmente não terá essa margem de manobra. As perspectivas da economia mundial, afetada pela pandemia, não são animadoras. O crescimento chinês, grande motor da demanda por *commodities*, é o menor em vinte e dois anos. O mercado interno brasileiro, por sua vez, está arrasado pela baixa demanda das famílias, resultado do desemprego e do endividamento. Isso praticamente inviabiliza um acordo de ganha-ganha e coloca o conflito distributivo na ordem do dia. Aliás, esse conflito está aberto internacionalmente. Os Estados Unidos, nação capitalista mais rica do planeta, debate hoje taxação de fortunas, no escopo do pacote Biden. Argentina e Bolívia aprovaram leis nessa direção durante a pandemia. E Chile, Peru e Colômbia debatem o tema em seus parlamentos enquanto escrevo estas linhas.

Atravessamos um momento histórico em que, para avançar em direitos e políticas sociais, será necessário tocar em privilégios. A margem econômica para um projeto de reconstrução nacional só será obtida com medidas mais ousadas, tanto na área tributária quanto na fiscal. E isso, não tenham dúvidas, gerará forte reação dos privilegiados. A outra alternativa é limitar-se a pequenas medidas mitigadoras, totalmente insuficientes para tirar o Brasil do abismo em que se encontra. O tamanho do desafio é, portanto, maior do que derrotar Bolsonaro eleitoralmente. Precisaremos derrotar também sua agenda política, com um programa de reconstrução.

Em conversas que tive com Lula, depois da recuperação de seus direitos políticos, ele demonstrou ter a consciência do tamanho exato do desafio. Falou mais de uma vez, inclusive publicamente, que só faz sentido tentar ser presidente de novo se for para fazer mais do que fez. Mas sabemos das forças contrárias, da pressão exercida pelo mercado e da oposição política a mudanças, adversidades presentes inclusive na coalizão de governo que se desenha. Por isso, os rumos do Brasil pós-Bolsonaro precisarão ser disputados através da participação popular. A disputa pelo programa precisará ser feita com a sociedade.

O BRASIL PÓS-BOLSONARO

No campo econômico, o programa de reconstrução deverá ter como alicerce a retomada do investimento público. Em 2019, antes mesmo da pandemia, chegamos ao pior nível de investimento dos últimos cinquenta anos. A farsa de que os cortes orçamentários e a redução do Estado estimulariam o investimento privado nos trouxe ao fundo do poço. Além disso, não há precedentes de saída de uma crise econômica tão severa sem a participação decisiva do investimento público. Colocar em marcha um plano ousado de obras públicas em áreas como infraestrutura, saneamento básico e habitação popular teria um duplo impacto positivo: oferta de um serviço necessário à sociedade e geração rápida de empregos a partir da construção civil. Aqui é importante salientar que o efeito não é apenas na geração de empregos diretos, mas na ativação de cadeias econômicas relacionadas e da economia local, impulsionada pelo aumento da capacidade de consumo dos trabalhadores.

É evidente que uma iniciativa como essa exige profundas mudanças na política fiscal. A começar pela necessidade de revogação do teto de gastos – anomalia brasileira – e sua substituição por uma regra fiscal mais expansiva e menos engessada. O aumento da capacidade de investimento precisará contar com a ampliação da base monetária – como fizeram Estados Unidos e União Europeia, por exemplo, durante a pandemia – e com a introdução na agenda nacional de uma reforma tributária progressiva que comece a reverter as distorções inacreditáveis do nosso sistema de arrecadação.

A propósito, há um problema básico nas fontes de arrecadação do Estado. A composição da carga tributária brasileira é de estrondosos 49% sobre consumo, apenas 21%

sobre renda e 4% sobre patrimônio. Para que se tenha um parâmetro de comparação, a dos Estados Unidos é de 17% sobre consumo, 49% sobre renda e 10% sobre patrimônio. Ao tributar essencialmente o consumo, o Brasil reproduz uma desigualdade histórica. Assim, um trabalhador que ganha dois salários-mínimos gasta praticamente toda a sua renda em consumo para sobrevivência familiar, onde está a maior incidência de impostos. Já um alto executivo, com renda de cem salários-mínimos, direciona boa parte de seus ganhos para poupança ou aplicações financeiras, muitas delas isentas de tributação. Dados da Receita Federal mostram que os super-ricos, com renda acima de R$ 300 mil por mês, têm 70% de isenção fiscal sobre seus ganhos. Em outras palavras: quem ganha mais paga proporcionalmente bem menos imposto do que os que ganham menos.

A tributação progressiva é praticamente inexistente no país. Apesar de a Constituição de 1988 prever o imposto sobre grandes fortunas, ele nunca foi regulamentado. Dessa forma, a alíquota máxima do Imposto de Renda é de 27,5%, tanto para a classe média quanto para bilionários, enquanto as faixas maiores chegam a 35% na Argentina, 40% no Chile e 45% na China. A classe média, muitas vezes, paga além das suas possibilidades e os bilionários absurdamente aquém. O imposto sobre heranças é outra distorção, com teto de 8% no Brasil, enquanto chega a 40% nos Estados Unidos e 55% no Japão. É importante mencionar ainda as caricaturas próprias do nosso sistema tributário, o qual não taxa a distribuição de lucros e dividendos e isenta proprietários de iates, helicópteros e jatos, enquanto o dono de um carro usado é obrigado a pagar IPVA todo ano. A Reforma Tributária, mais até do que um instrumento para aumento

O BRASIL PÓS-BOLSONARO

da arrecadação, é uma questão elementar de justiça social e combate às desigualdades.[55]

No campo político, será necessário desmontar o esquema bolsonarista de privatização do orçamento da União como condição para governabilidade. É verdade que, desde a redemocratização, todos os governos tiveram em sua base de apoio o pântano fisiológico do Congresso Nacional, que hoje chamamos de Centrão. Todos eles, inclusive os governos de Lula e Dilma, tiveram que ceder espaço em ministérios e emendas parlamentares para garantir a governabilidade. E quando as relações entre Executivo e Legislativo explodiram, isso significou a queda de presidentes eleitos, como no fatídico caso do golpe parlamentar de 2016, conduzido por Eduardo Cunha contra Dilma. Bolsonaro, no entanto, elevou o poder de barganha do Centrão de forma nunca antes vista. Ao terceirizar o manejo das emendas para "profissionais" como Arthur Lira e Ciro Nogueira, com o surgimento das chamadas emendas de relator, ele inflacionou o preço da governabilidade nacional.

Na prática, o Centrão controla hoje nada menos que R$ 17 bilhões do total de investimentos do governo federal, cifra referente apenas às emendas do relator. Isso não é apenas uma disfunção; significa, na verdade, o fim da capacidade do Estado brasileiro de planejar política pública. O orçamento é retalhado de acordo com critérios

---

[55] Neste momento, tramita pela Câmara e pelo Senado, um projeto de lei que altera as regras do Imposto de Renda, propondo a taxação de lucros e dividendos (15%), mas sem alterar as regras para fundos de investimento em ações, setor no qual o próprio Paulo Guedes, atual ministro da Economia, tem interesse.

discricionários de cada parlamentar governista, de modo a levar benefícios para suas bases de apoio e assegurar condições para a reeleição. Nesses termos, inviabiliza-se qualquer projeto de país. É mais uma herança perversa de Bolsonaro que precisará ser desfeita; e, sabidamente, não é nada fácil retirar privilégios de parlamentares.

Esse é o grande impasse da Nova República, com a diferença de que agora se chegou ao paroxismo de anular qualquer projeto de desenvolvimento. Por isso, é essencial trazer o debate sobre a Reforma Política para a agenda pública. Existe aí um paradoxo: uma reforma de tal natureza precisaria ser aprovada pelo Congresso, que é o maior interessado em manter os vícios atuais da governabilidade. Ninguém está disposto a abrir mão de seus privilégios de bom grado. Portanto, a solução para esse impasse está fora da Praça dos Três Poderes. Será preciso incluir a sociedade no jogo, abrindo o debate publicamente a fim de mobilizar o povo. E não desanimemos, pois a América Latina está repleta de exemplos nessa direção. O mais recente vem do Chile, onde um processo intenso de mobilização levou um presidente de direita e um parlamento de maioria conservadora a convocarem uma Constituinte que, uma vez eleita, teve maioria de 70% de progressistas. Foi esse caldo, inclusive, que elegeu Gabriel Boric, da nova geração de esquerda, com apenas 35 anos, como presidente do país.

Não se trata de ingenuidade. É claro que um governo não faz tudo o que quer e como quer, pois atua a partir das relações de forças existentes na sociedade. Mas ele pode ser também uma poderosa ferramenta para alterar exatamente essas relações de forças, ao trazer novas agendas para o debate público e fortalecer a organização e mobilização

O BRASIL PÓS-BOLSONARO

populares. Isso vale ainda mais para um presidente com amplo apoio social, que não possa ser levado a um processo de *impeachment* com facilidade, como é o caso de Lula, a maior liderança popular que nosso país produziu. Entender os limites da relação com as bancadas de interesse no Congresso sem se acomodar a eles é o nosso maior desafio para superar os impasses do sistema político brasileiro. Não é uma opção fácil e ela implica riscos políticos reais, mas é o único caminho para desmontar a armadilha do sequestro da governabilidade no pós-Bolsonaro.

Precisamos assumir tais ricos, mesmo porque nossos desafios não estão apenas nas soluções de curto prazo. O Brasil precisa sair da cilada histórica em que está metido desde os anos 1990. Retomemos um pouco de nossa história recente. No período entre 1930 e 1980, fomos o país que mais cresceu e se industrializou no planeta, daí veio o mote de "país do futuro", aliás. Em 1980, nosso PIB era de U$ 235 bilhões, e o da China, hoje a segunda potência mundial, era de U$ 191 bilhões. De lá para cá, vivemos um intenso processo de reversão neocolonial, em que nossa economia se especializou na produção de *commodities* – sobretudo produtos agrícolas, carne e minério de ferro – e sofreu um processo de desindustrialização. Fomos sendo relegados ao lugar de fazenda do mundo nas cadeias produtivas globais. Isso significa menos agregação de valor e geração de empregos menos qualificados, ou seja, empobrecimento relativo. O Brasil chega ao ponto de hoje exportar boi vivo para o exterior, ou minério de ferro bruto, e importar de volta derivados. Essa situação nos remete, afinal, aos tempos coloniais, quando vendíamos cana-de-açúcar para a metrópole e importávamos o açúcar refinado.

O agronegócio brasileiro especializou-se nessa condição subordinada. Com alta tecnologia, nos levou ao posto de quarto maior produtor de alimentos no planeta, gerando poucos empregos e pagando poucos impostos. Tem pujança inquestionável e lucros recordes, ao mesmo tempo que dezenove milhões de brasileiros passam fome[56] e o mercado interno vive uma enorme inflação no preço dos alimentos. Definitivamente, há algo de muito errado nesse modelo. A China, por seu turno, lidera o processo de inovação tecnológica do 5G e da inteligência artificial, podendo ultrapassar os Estados Unidos em pouco tempo.

Esse mesmo modelo colocou o Brasil na "vanguarda do atraso" em relação a questões ambientais. Como sabemos, somos o país que tem em seu território a maior porção da floresta amazônica, a maior reserva de água doce do planeta e uma proporção de geração de energia limpa maior que os países do Norte global. Em vez de preservamos e incentivarmos o desenvolvimento sustentável a partir de tais recursos, ao contrário, temos assistido à ampliação da fronteira agrícola sobre a Amazônia, perdemos um quarto do Pantanal em queimadas, somos hoje os maiores consumidores de agrotóxicos do mundo e vemos a mineração predatória avançar sobre territórios indígenas, os maiores garantidores da preservação. Em suma, o Brasil, sob Bolsonaro, tornou-se um pária ambiental.

A reconstrução nacional precisa ter visão de futuro e colocar um novo modelo de desenvolvimento no centro de

---

[56] REDE PENSSAN. *Inquérito Nacional sobre Insegurança Alimentar no contexto da pandemia da COVID-19 no Brasil*. 2021. Disponível em: http://olheparaafome.com.br/VIGISAN_Inseguranca_alimentar.pdf. Acessado em: 18.03.2022.

sua agenda. Isso passa por iniciativas combinadas em duas áreas estratégicas: ciência e tecnologia, de um lado, e um plano ambiental ousado, de outro.

Colocar-se soberanamente no mundo requer capacidade de inovar. O Brasil tem potencial de sobra para isso, mas insiste em desperdiçá-lo. Quantas mentes brilhantes não perdemos, uma geração após outra, por falta de oportunidades? Quantos centros de excelência poderíamos ter espalhados por nosso território para responder às demandas de cada setor da sociedade? Tive a oportunidade de conhecer, em 2021, uma cidade *startup* no interior de São Paulo, ONOVOLAB, que, mesmo sem investimento público, abrigou equipes de inovação tecnológica em várias áreas. Uma dessas equipes foi capaz de produzir um leitor de retina, conectado à inteligência artificial, a um valor dez vezes menor do que os equipamentos disponíveis no mercado e adquiridos pelo sistema público de saúde, e com resultado instantâneo. Atualmente, o exame tem uma fila de espera de milhares de pessoas no SUS. Imaginem o que seria possível fazer não apenas em tecnologia para saúde, mas em todas as áreas, com uma política de investimento público pesado.

O Brasil investe hoje, entre recursos públicos e privados, cerca de 1,2% de seu PIB em ciência e tecnologia, três vezes menos do que a Coreia do Sul. Para uma mudança significativa do quadro, a lição de casa deve começar na educação básica, melhorando sua qualidade e criando um ambiente em que crianças e jovens possam desenvolver todos seus potenciais. Deve seguir com a ampliação de uma rede de escolas técnicas e, sobretudo, com investimento para que nossas universidades, laboratórios públicos e institutos especializados tenham as melhores condições de serem espaços de pesquisa e inovação de alto nível. Os neoliberais de plantão, que acreditam ser essa uma missão da iniciativa privada, gostam de ocultar que nenhum país do mundo foi capaz de desenvolver-se soberanamente sem uma rede desse tipo, com protagonismo do Estado e elevadas taxas de investimento. Sem isso, seguiremos retrocedendo nesse processo semicolonial, com uma economia pautada pela agricultura e pelo extrativismo mineral.

Um novo modelo de desenvolvimento precisa também ousar "olhar para cima" – parafraseando o filme de sucesso do fim de 2021[57] –, gesto que implica enfrentar interesses bilionários, sobretudo do setor de combustíveis fósseis. Sim, a tragédia ambiental está em curso. Se não reduzirmos a emissão dos gases de efeito estufa em 45% até 2030, até chegarmos finalmente à emissão zero em 2050, podemos atingir um ponto de não retorno quanto ao aquecimento global. Estamos falando de destruição de espécies, de fenômenos climáticos cada vez mais violentos e, no limite, de tornar inviável a própria vida na Terra.

Nesse cenário e com suas potencialidades, o Brasil pode ser o exemplo de vanguarda da transição necessária. É verdade que a maior parte da emissão de carbono vem dos países do Norte global, mas também é verdade que o território brasileiro é lugar privilegiado para se fazer diferente. Um país tropical como o nosso tem todas as condições para liderar uma transição energética com foco na energia solar. Um país servido por tantos rios tem todas

---

[57] NÃO olhe para cima. Direção: Adam McKay. Estados Unidos: Netflix, 2021. 2h25min.

as condições para a conversão prioritária de seu modal de transporte para hidrovias, o que implica a redução drástica da queima de combustíveis fósseis. Um país com tamanha dimensão de terras agricultáveis e que figura entre os maiores produtores de alimento do mundo tem todas as condições para promover uma transição agroecológica em seu modelo produtivo. (A propósito, a agroecologia é um caminho possível e necessário na produção em larga escala, uma vez que a agroindústria é hoje responsável por cerca de 25% das emissões de gases de efeito estufa e, com o uso desmedido de fertilizantes nitrogenados e pesticidas sintéticos, produz um alimento cada vez mais tóxico). Um país, por fim, que detém em seu território a maior parte da floresta amazônica tem todas as condições de se tornar um exemplo internacional de que outro modelo é possível se adotar uma política de desmatamento zero e de reflorestamento, com respeito pelos povos indígenas e tradicionais e em parceria com eles.

Enfim, proponho abaixo cinco grandes eixos para um programa de reconstrução nacional que possa tirar o Brasil do atoleiro e apontar novos rumos para nosso povo. Em resumo, eles são os seguintes:

1. **Plano emergencial de obras públicas** em infraestrutura, saneamento básico e moradia popular, impulsionando uma geração maciça de empregos e garantindo direitos sociais para o povo mais pobre. A recuperação econômica não ocorrerá sem a retomada do investimento público. Isso implica uma nova política fiscal, com o fim do teto de gastos e a ampliação da base monetária.

2. **Política ousada de combate às desigualdades.** De um lado, a retomada dos programas sociais interrompidos, com nova modelagem e foco num plano de combate à fome, a retomada da política de valorização do salário-mínimo e o combate à precarização do trabalho, com revogação da Reforma Trabalhista e regulamentação do trabalho uberizado. De outro lado, uma Reforma Tributária progressiva, que aumente a incidência de impostos sobre os super-ricos, na renda e patrimônio, e diminua proporcionalmente os impostos sobre consumo, os quais afetam sobretudo os trabalhadores e as classes médias.

3. **Reforma Política** baseada nos seguintes pontos: a) aumento da participação popular via plebiscitos, referendos e conselhos setoriais deliberativos; b) sistema de votação em lista fechada, com cota de gênero e racial, para despersonalizar o processo eleitoral para o parlamento e assegurar maior representatividade; c) proibição da "porta giratória" entre atuação no setor privado e função pública na mesma área; d) redefiniçao do modelo de emendas parlamentares, retomando a capacidade do Executiva em planejar e executar o orçamento.

4. **Investimento estratégico em educação, ciência e inovação.** Ampliar o investimento em educação básica, com debate na sociedade sobre o currículo escolar; retomar a expansão e democratização das universidades públicas, bem como o fomento à pesquisa e inovação; triplicar o investimento em ciência e tecnologia, com planos voltados às áreas

O BRASIL PÓS-BOLSONARO

fundamentais para um desenvolvimento econômico e social soberano.

5. **Plano de transição ambiental** com os seguintes focos principais: a) projeto de transição para energias limpas e renováveis e para os modais de transporte hidroviário e ferroviário, tendo como referência as metas do IPCC para redução das emissões de carbono; b) forte subsídio público para a agroecologia e diversificação produtiva no campo, com prioridade para abastecimento do mercado interno; c) política de desmatamento zero e reflorestamento, sobretudo na Amazônia, junto com a retomada da demarcação de terras indígenas e quilombolas.

Todos sabemos das dificuldades políticas e econômicas para se tirar do papel um programa como esse, mas o momento do Brasil exige ousadia e capacidade de planejamento a longo prazo. Se não tivermos horizonte, ficaremos reféns dos ventos conjunturais e perdemos a dimensão de onde queremos chegar. Política é atuar a partir das condições concretas, mas é também projeto de futuro, transformando essas condições.

Resgatar a esperança militante

A luta pela transformação de sociedade é uma ação prática que precisa de gente disposta a acreditar que o mundo possa ser diferente, com outra forma de organização das relações sociais e outros valores humanos. É preciso acreditar naquilo que ainda não existe. É o que Eduardo Galeano, ao citar o cineasta argentino Fernando Birri,[58] nos diz sobre a utopia. A utopia é o horizonte que colocamos diante de nós. Se caminhamos dez passos, ela se afasta dez passos também, pois é sempre inalcançável. Então, para que serve a utopia? Justamente para isto: para nos fazer caminhar. E, ao caminharmos juntos, a sociedade também caminha, tornando possíveis realidades até então apresentadas a todos como impossíveis. Vamos a alguns exemplos.

O direito das mulheres ao voto era, há nem cem anos, uma utopia inalcançável em praticamente todo o mundo. Movimentos feministas do século XX acreditaram e lutaram; hoje ele é uma realidade inquestionável. O imposto sobre a renda era considerado, no início do século passado, uma proposta comunista, que acabaria com o investimento privado. Depois, tornou-se uma realidade em praticamente todos os sistemas tributários. A independência das colônias, a igualdade de direitos civis entre brancos e negros e tantas outras conquistas sociais foram, a seu tempo, tratadas como propostas de sonhadores, descoladas da realidade. Mas, com lutas históricas, foram se impondo uma a uma.

Vamos falar de um exemplo ainda mais próximo: a resistência contra a ditadura militar brasileira. Uma geração de jovens, movidos por ideais de liberdade e justiça social, arriscou tudo nas condições mais adversas. A prisão, as torturas mais cruéis ou a morte eram destinos prováveis e, mesmo assim, eles lutaram. Era uma batalha totalmente desigual contra um regime ditatorial e violento e, mesmo assim, seguiram em frente. A transição democrática dos

---

[58] BIRRI, Fernando *apud* GALEANO, Eduardo. *Las Palabras andantes*. Buenos Aires: Catálogos, 2001, p. 230.

O BRASIL PÓS-BOLSONARO

anos 1980 – ainda que com todos os seus limites – seria impensável sem duas décadas dessa resistência ativa. Tive o privilégio de conhecer muitas dessas pessoas.

Uma delas é meu sogro, Stan Szermeta, metalúrgico, de origem polonesa, que nasceu num campo de concentração nazista no fim da Segunda Guerra Mundial. Desde cedo, foi trabalhar na indústria e tornou-se uma das principais lideranças do Movimento de Oposição Metalúrgica em São Paulo. Foi preso e torturado pela ditadura. Libertado, seguiu em frente e participou do movimento pela anistia dos presos políticos. Formou núcleos do Partido dos Trabalhadores (PT) no Campo Limpo e em Taboão da Serra e segue em frente ainda hoje, mesmo depois de enfrentar um câncer e de muitas desilusões com os rumos do Brasil, como militante do Partido Socialismo e Liberdade (PSOL). Em nossa campanha de 2020, em meio à pandemia, tive de "brigar" com ele – que faz parte do grupo de risco – porque soube que estava saindo diariamente para fazer panfletagem no terminal de ônibus. Muitas vezes, quando me sentia desmotivado, olhava para o Stan e me dava conta de que não tinha o direito de dar um passo atrás.

Ele e muitos lutadores inspiraram a geração seguinte, que protagonizou as Diretas Já, bem como a formação de novos movimentos sociais e do Partido dos Trabalhadores. Os enfrentamentos dos anos 1980, com greves de trabalhadores, reorganização do movimento dos estudantes, lutas por terra e por teto, o movimento sanitarista (pai do SUS), as Comunidades Eclesiais de Base e a formação de novos movimentos feministas e antirracistas levaram à eleição do primeiro operário à Presidência da República. A posse de Lula, em 2003, representou a síntese de lutas e sonhos de muita gente. Os avanços no combate à fome e às desigualdades, o acesso de milhões de jovens à universidade e a construção de políticas públicas fortaleceram, então, o lugar da esquerda no Brasil.

Contudo, ao longo dos anos, a militância foi perdendo a dimensão do sonho. As dificuldades para governar, as alianças indigestas, a absorção de muitos dos melhores quadros pela máquina estatal, tudo isso, enfim, foi criando uma visão excessiva de pragmatismo que afogou o entusiasmo militante nas pequenas agruras do dia a dia. Muitos perderam o chão e o pulso da relação direta com o povo, escutando suas demandas e sentimentos apenas a cada dois anos, em períodos eleitorais. Outros passaram a crer que os movimentos sociais e as mobilizações seriam fatores de instabilidade para o governo e deveriam manter-se dóceis, afinal, "havíamos chegado ao poder".

"Nossa cabeça pensa onde nossos pés pisam", não cansava de repetir Frei Betto. Foi assim que os pensamentos acabaram drenados para as disputas institucionais e as exigências da governabilidade, incapazes de engajar e encantar o povo e, sobretudo, a juventude. Esse não é, vejam bem, um elogio de uma certa ingenuidade adolescente. Vivi em ocupações e sei bem que ninguém sonha de barriga vazia. Apenas uma esquerda elitista, que desconhece a realidade brasileira, pode subestimar a importância dos programas sociais do governo Lula. Apenas quem não conhece a história política do nosso país pode supor que a governabilidade diante de um Congresso conservador seja um nó fácil de desatar. As dificuldades em manter a chama acesa, com tantas adversidades, são muitas, mas a questão é como respondemos a elas em nossa ação política.

O BRASIL PÓS-BOLSONARO

Ter senso pragmático é essencial para se fazer política, afinal, a vida é como ela é, não como nós gostaríamos que ela fosse. Mas o pragmatismo, se queremos de fato mudar a sociedade, não pode estar em oposição aos ideais e à mobilização militante. Pepe Mujica reconheceu isso ao dizer, numa espécie de autocrítica de seu governo no Uruguai e num balanço do ciclo progressista na América Latina, que "formamos consumidores, mas não formamos cidadãos". A vida das pessoas de fato melhorou, e muita gente que não tinha nada teve acesso ao mercado consumidor. E isso não é pouco. Porém, os governos progressistas descuidaram da disputa de valores, de modelo de sociedade, da consciência do povo. Acreditou-se que as melhorias econômicas seriam suficientes para produzir consciência de classe e manter apoio ao projeto da esquerda. Não foram.

Como foi doloroso ver jovens que entraram na universidade graças aos programas sociais de Lula votarem em Bolsonaro. Gente que pôde ter enfim sua casa e comer três vezes ao dia incorporou o ideário meritocrático e rechaçou programas de transferência de renda, tomados como "estímulos à vagabundagem". Como foi duro ver uma geração de militantes que dedicou sua vida para a mudança social ser linchada em praça pública acusados de corruptos e inimigos do Brasil. A própria noção de militância foi desmoralizada, sendo tomada como busca de interesses pessoais ocultos e privilégios do poder. No imaginário de boa parte da sociedade, a esquerda foi convertida – por uma guerra política e midiática sem precedentes, mas também por seus próprios e inegáveis erros – a uma expressão do sistema envelhecido. Que atire a primeira pedra quem não viu essa metamorfose de consciência acontecer com uma, duas, dez pessoas de seu círculo de conhecidos.

Foi, então, que o encanto mudou de lado, de um modo bizarro e dramático. Um capitão da reserva, metido com milicianos, envolvido em "rachadinhas" e tramoias de todo tipo nos seus vinte e sete anos como deputado, foi vendido para a sociedade como ícone antissistema. Um senhor mofado e preconceituoso, com cheiro dos porões da ditadura, ergueu-se como "mito" da salvação nacional contra os "comunistas corruptos". Já vimos, neste livro, os fatores sociais complexos e as técnicas digitais sofisticadas que levaram monstros como Bolsonaro, Trump e companhia a saírem do pântano para chegar ao poder. Mas não deixa de ser impressionante a operação de disputa cultural que fizeram. O sinal de rebeldia deixou de ser usar uma camiseta de Che Guevara e passou a ser, no Brasil de 2018, fazer sinal de "arminha" em homenagem a um militar reacionário. Quando, naquele ano, vi um grupo de jovens tirando *selfies* com o gesto bolsonarista na porta de uma escola pública perto da minha casa, me dei conta do buraco em que estávamos metidos.

Ao seu modo, Bolsonaro formou e engajou uma militância ampla no país. Podemos fazer a caricatura que quisermos dos "tios e tias do zap" ou "tios e tias do churrasco", mas a verdade é que ele juntou milhões de brasileiros em torno de uma visão de mundo e de valores conservadores. Nem a ditadura militar, em vinte e um anos, foi capaz de criar um movimento ideológico massivo de extrema-direita como o fez Bolsonaro. (Se há alguma comparação em nossa história são os camisas-verdes da Ação Integralista Brasileira, de Plínio Salgado, nos tempos de Getúlio Vargas). Em seus anos de governo, Bolsonaro atuou como chefe dessa seita – muito mais do que como presidente –, falando a todo momento para eles, dando-lhes narrativa e mobilizando-os nas ruas quando necessário. Se isso, por um lado, fez com que perdesse apoio junto aos setores médios que haviam estado ao seu lado na cruzada antipetista, por outro, organizou e radicalizou o seu núcleo de apoiadores de forma consistente.

O bolsonarismo tornou-se, assim, uma força social. Seus apoiadores têm o sentimento de estarem cumprindo uma missão honrosa e libertadora, por mais alucinado que isso nos pareça. São um exército de pessoas engajadas que compartilham dos mesmos ideais e dos mesmos inimigos. A liga que os une a todos foi sendo moldada a partir de uma disputa cultural de alta intensidade, algumas vezes subterrânea, travada nos grupos de *WhatsApp*, outras vezes à luz do dia, exposta nos próprios discursos presidenciais. Por mais odiosos e atrasados que sejam esses ideais, é inegável que tiveram sucesso em despertar esperança e mobilização num amplo grupo social. Muitas vezes, ganharam por *W.O.* porque a esquerda, cansada e combalida, ausentou-se da disputa de valores. Antes da derrota, aliás, nossa militância já havia perdido muito o horizonte mobilizador do sonho.

A história é, no entanto, irônica e caprichosa. Se havia alguém com potência imaginária e ligação popular capaz de derrotar Bolsonaro, essa figura era Lula. O primeiro presidente operário, que melhorou a vida dos mais pobres em seu governo; que saiu do palácio com 90% de aprovação; que, depois, foi massacrado publicamente e preso de forma injusta; e que, por fim, como num renascer das cinzas, teve suas condenações anuladas e voltou ao tabuleiro eleitoral. Essa reviravolta política abriu a perspectiva real de derrotar Bolsonaro em 2022. É raro que a história dê uma segunda oportunidade como agora. Por isso, é preciso saber aproveitá-la muito bem.

Para se adquirir a força a fim de promover as transformações necessárias, aprofundar os avanços e não repetir os mesmos erros, será preciso dar um passo além. O desafio do Brasil de hoje, como dissemos, é muito diferente e maior que o de vinte anos atrás. Se não houver essa compreensão e a próxima campanha eleitoral e o modo de governar forem pautados pela mesma fórmula do passado, estaremos presos num impasse sem solução. Para desarmar a arapuca montada calculadamente desde 2016, precisaremos mais do que nunca de mobilização e engajamento social.

Desse processo poderá se fortalecer no Brasil uma esquerda conectada com os dilemas do século XXI. Uma esquerda que tenha a capacidade de reconhecer os avanços dos que vieram antes e dar continuidade a eles, sem cair na negação fácil e gratuita, própria daqueles que parecem acreditar que a história começa quando entram nela. Uma esquerda que tenha a humildade e o espírito crítico para identificar os descaminhos e erros cometidos, atuando para não repetir as mesmas falhas. Uma esquerda que não deixe nunca de ter o pé fincado no barro e o pulso conectado com o sentimento popular, confiando na força do povo, sem jamais querer substituí-la. Uma esquerda, enfim, que não perca nunca a imaginação e a ousadia, o espírito aberto ao novo, qualidades fundamentais para aqueles que querem mudar o mundo.

Sem resgatar a esperança militante, não teremos força para fazer essa travessia. Estamos falando da militância por uma sociedade mais justa e solidária, a militância socialista. Ela é, antes de tudo, uma escolha ética. É a tomada de decisão de dedicar aquilo que temos de mais valioso, nosso tempo e nossa energia, para um projeto que não é de um indivíduo,

O BRASIL PÓS-BOLSONARO

mas de todos, nosso. Em uma sociedade individualista, essa escolha implica romper barreiras, pregar no deserto, sofrer estigmas e encarar desconfianças. Sempre haverá alguém para apontar o dedo e desqualificar a escolha militante e taxá-la de ingenuidade infantil, ou para julgar os militantes como idiotas úteis aproveitados por algum "vilão". Na vida, todas as nossas escolhas têm um preço, e a coerência reside justamente em nossa disposição de pagá-lo.

A militância socialista é um ato de coragem. É desafiar a consciência dominante e muitas vezes recusar a opção pelo caminho mais fácil. Os atalhos podem ser tentadores, mas não costumam levar muito longe. Lutar pelo que acreditamos, ainda mais em condições tão adversas, exige coragem. Atuar coletivamente, abdicando do posto de senhores de nossa verdade e dispondo-nos a aprender com quem caminha junto conosco, exige coragem. Não abrir mão dos nossos princípios, em tempos tão líquidos e lacradores, exige muita coragem. A militância socialista significa também honrar uma história, a de muitos que deram a vida por esses mesmos princípios antes de nós.

A militância socialista é também um ato de insistência. Lembro-me bem da minha primeira experiência de alfabetização de adultos pelo método Paulo Freire. No primeiro encontro, apareceram três pessoas da comunidade; no segundo, dia de chuva, só uma surgiu. Eu era muito jovem e, decepcionado, logo pensei em desistir. Foi então que um militante mais experiente me chamou e disse: "paciência, a comunidade precisa ganhar confiança no trabalho". E assim foi, uma experiência incrível depois de alguns meses, quando mais de vinte moradores saíram alfabetizados e com novos horizontes abertos. Remar contra a maré é duro e cansativo, mas tem o mérito de nos dar musculatura. Plantar sementes de uma nova sociedade significa saber que a colheita nem sempre vem no tempo desejado e do jeito que queremos, mas virá se seguirmos em frente.

Por isso, a militância socialista é, sobretudo, um ato de esperança. Acreditar no futuro, como a utopia de que fala Galeano, nos permite caminhar. Mais do que isso, dá rumo e sentido para nossa caminhada no mundo. Essa militância é movida por fortes sentimentos de amor, indignação e solidariedade, que não se sustentam se forem apenas projetados num ideal idílico de sociedade futura. A esperança militante é eminentemente prática: o esperançar de que nos falava Paulo Freire.

A vida cotidiana tende a nos embrutecer com os pequenos conflitos, nos amesquinhar nas relações interpessoais e nos distanciar cada dia mais do horizonte que sonhamos. Essas podem parecer palavras abstratas e demasiadamente subjetivas para tempos de guerra, mas estou convencido de que só poderemos vencer as desafiadoras batalhas que virão se recuperarmos esse brilho da esperança militante. Mais do que nunca, nosso país precisa dessa energia mobilizadora. Mais do que nunca, precisamos assumir a responsabilidade de tomar em nossas mãos os destinos de uma sociedade tão machucada. Mais do que nunca, precisamos relembrar o mestre centenário Paulo Freire: vamos esperançar!

REFERÊNCIAS BIBLIOGRÁFICAS

AGÊNCIA ANSA. *Após 2 meses, médicos cubanos encerram missão na Itália.* 23 maio 2020. Disponível em: https://epocanegocios.globo.com/Mundo/noticia/2020/05/apos-2-meses-medicos-cubanos-encerram-missao-na-italia.html. Acessado em: 05.01.2022.

ALMOND, R. E. A.; GROOTEN M.; PETERSEN, T. (Coord.). *WWF Living Planet Report 2020*: bending the curve of biodiversity loss. Gland: WWF, 2020. Disponível em: https://wwfeu.awsassets.panda.org/downloads/lpr20_full_report_spreads.pdf. Acessado em: 18.03.2022.

BARBOSA, Bernardo. "Empresas ligadas a paraísos fiscais têm mais de R$ 8 bi em imóveis em São Paulo". *UOL*, 10 abr. 2017. Disponível em: https://noticias.uol.com.br/cotidiano/ultimas-noticias/2017/04/10/empresas-ligadas-a-paraisos-fiscais-tem-mais-de-r-8-bi-em-imoveis-em-sao-paulo.htm. Acessado em: 18.03.2022.

BÍBLIA, A.T. "Números". *Bíblia sagrada on-line*. Cap. 33, vers. 53. Disponível em: https://www.bibliaon.com/numeros_33/. Acessado em: 18.03.2022.

CAMUS, Albert. *A Peste*. 25ª ed. Rio de Janeiro: Record, 2019.

CASTRO, Fábio de. "Grande São Paulo tem alta prevalência de transtornos mentais". *Agência FAPESP*, 27 fev. 2012. Disponível em: https://agencia.fapesp.br/grande-sao-paulo-tem-alta-prevalencia-de-transtornos-mentais/15215/. Acessado em: 18.03.2022.

CATRACA LIVRE. *Fala de Bia Doria e Val Marchiori sobre moradores de rua revolta web*. 03 jul. 2020. Disponível em: https://catracalivre.com.br/cidadania/fala-de-mulher-de-doria-sobre-moradores-de-rua-revolta-web/. Acessado em: 17.03.2022.

CHALHOUB, Sidney. *Cidade febril*: cortiços e epidemias na Corte imperial. 2ª ed. São Paulo: Companhia das Letras, 2017.

CHICAGO boys. Direção: Carola Fuentes e Rafael Valdeavellano. Chile, 2015. 1h25min.

COLAU, Ada; GARCÍA, Adria Alemany. *Vidas hipotecadas*: de la burbuja inmobiliaria al derecho a la vivienda. Barcelona: Lectio Ediciones, 2012.

CORTINA, Adela. *Aporofobia, a aversão ao pobre*: um desafio para a democracia. Trad. Daniel Fabre. São Paulo: Contracorrente, 2020.

DOWBOR, Ladislau. *A Era do capital improdutivo*: por que oito famílias têm mais riqueza do que a metade da população do mundo? São Paulo: Autonomia Literária, 2017.

EL PEPE: uma vida suprema. Direção: Emir Kusturica. Netflix, 2018. 1h15min.

EMPOLI, Giuliano da. *Os Engenheiros do caos*. Trad. Arnaldo Bloch. São Paulo: Vestígio, 2020.

FINANCIAL TIMES. *Virus lays bare the frailty of the social contract*. 3 abril 2020. Disponível em: https://www.ft.com/content/7eff769a-74dd-11ea-95fe-fcd274e920ca. Acessado em: 17.03.2022.

FREIRE, Paulo. *Pedagogia da Esperança*: um reencontro com a Pedagogia do Oprimido. Rio de Janeiro: Paz e Terra, 1992.

FREUD, Sigmund. "A transitoriedade" [1916]. *In*:_____. *Obras completas*. vol. 12. Trad. Paulo César de Souza. São Paulo: Companhia das Letras, 2010.

GALEANO, Eduardo. *Las Palabras andantes*. Buenos Aires: Catálogos, 2001.

REFERÊNCIAS BIBLIOGRÁFICAS

GREYSON, Bruce. "Experiências de quase-morte: implicações clínicas". *Revista Psiquiatria Clínica*, São Paulo, n° 34 (supl. 1), 2007.

GUIMÓN, Pablo. "Pfizer ocultou indícios de que um de seus fármacos poderia prevenir o Alzheimer". *El País*, 5 jun. 2019. Disponível em: https://brasil.elpais.com/brasil/2019/06/05/internacional/1559749832_040997.html. Acessado em: 10.01.2022.

IEDI. *O perfil setorial do retrocesso da indústria brasileira*. 18 abr. 2029. Disponível em: https://iedi.org.br/cartas/carta_iedi_n_920.html. Acessado em: 18.03.2022.

KLEIN, Naomi. "La doctrina del shock de Naomi Klein". [Entrevista concedida a] Amy Goodman. *La Haine*, 27 set. 2007. Disponível em: https://www.lahaine.org/mundo.php/ligla_doctrina_del_shockl_ig_de_naomi_kl. Acessado em: 17.03.2022.

_____. "Naomi Klein, capitalismo y coronavirus: 'el shock es el virus en sí mismo'". [Entrevista concedida a] Mónica Garrido. *Culto*, 16 mar. 2020. Disponível em: https://www.latercera.com/culto/2020/03/16/naomi-klein-coronavirus/. Acessado em: 12.12.2021.

_____. *A Doutrina do choque*: a ascensão do capitalismo de desastre. Rio de Janeiro: Nova Fronteira, 2007.

MORETTI, Bruno; FUNCIA, Francisco; OCKÉ, Carlos. "O teto dos gastos e o 'desfinanciamento' do SUS". *Observatório da Economia Contemporânea*, 15 jul. 2020. Disponível em: https://diplomatique.org.br/o-teto-dos-gastos-e-o-desfinanciamento-do-sus/. Acessado em: 18.03.2022.

NAÇÕES UNIDAS BRASIL. *ONU confirma 2021 entre os sete anos mais quentes da história*. 20 jan. 2022. Disponível em: https://url.gratis/N6yfnw. Acessado em: 18.03.2022.

NÃO olhe para cima. Direção: Adam McKay. Estados Unidos: Netflix, 2021. 2h25min.

NAVAS, María Elena. "Coronavírus: como o mundo desperdiçou a chance de produzir vacina para conter a pandemia". *BBC*, 10 abr. 2020. Disponível em: https://www.bbc.com/portuguese/internacional-52238530. Acessado em: 10.01.2022.

O GLOBO. *Em "tempos de solidariedade", Cuba autoriza que cruzeiro britânico afetado por coronavírus atraque no país.* 16 mar. 2020. Disponível em: https://oglobo.globo.com/brasil/em-tempos-de-solidariedade-cuba-autoriza-que-cruzeiro-britanico-afetado-por-coronavirus-atraque-no-pais-24307986. Acessado em: 05.01.2022.

PEREIRA, Pedro Paulo Soares. "Vida loka: parte 2". *In*: RACIONAIS MC'S. *Nada como um dia após o outro dia.* São Paulo: Cosa Nostra, 2002.

PIKETTY, Thomas. *O Capital no século XXI*. Rio de Janeiro: Intrínseca, 2014.

PUND. *Relatório do Desenvolvimento Humano 2019*. Nova Iorque, 2019. Disponível em: https://hdr.undp.org/sites/default/files/hdr_2019_pt.pdf. Acessado em: 17.03.2022.

REDE PENSSAN. *Inquérito Nacional sobre Insegurança Alimentar no contexto da pandemia da COVID-19 no Brasil.* 2021. Disponível em: http://olheparaafome.com.br/VIGISAN_Inseguranca_alimentar.pdf. Acessado em: 18.03.2022

RONICK, Raquel. "Negros na cidade de São Paulo: presença invisível ou incômoda?" *Blog Raquel Ronick*, 16 nov. 2011. Disponível em: https://raquelrolnik.wordpress.com/2017/11/16/negros-na-cidade-de-sao-paulo-presenca-invisivel-ou-incomoda/. Acessado em: 18.03.2022.

S.O.S. saúde. Direção: Michael Moore. Estados Unidos: Dog Eat Dog Films, 2007. 2h2min.

SIMON KUZNETS FACTS. *Nobel Prize Outreach AB 2022.* Disponível em: https://www.nobelprize.org/prizes/economic-sciences/1971/kuznets/facts/. Acessado em: 17.03.2022.

SULENG, Kristin. "Richard J. Roberts: 'interessa mais à indústria tentar conter o avanço do câncer do que eliminá-lo'". *El*

REFERÊNCIAS BIBLIOGRÁFICAS

País, 5 jul. 2017. Disponível em: https://brasil.elpais.com/brasil/2017/07/04/ciencia/1499183349_915192.html. Acessado em: 10.01.2022.

TERRA. *Indústria farmacêutica não quer curar pessoas, diz prêmio Nobel*. 26 ago. 2011. Disponível em: https://www.terra.com.br/noticias/ciencia/pesquisa/industria-farmaceutica-nao-quer-curar-pessoas-diz-premio-nobel,1839962f137ea310VgnCLD200000bbcceb0aRCRD.html. Acessado em: 05.01.2022.

THE WALDO moment (Temporada 2, ep. 3). *Black Mirror*. Direção: Bryn Higgins. Reino Unido: Channel 4/Netflix, 2013. 44 min.

TOLSTOI, Leon. *De quanta terra precisa o homem?* São Paulo: Companhia das Letras, 2009.

UOL. *PMs suspeitos no caso Sumaré, no Rio, falaram em "fazer isso toda semana"*. 28 jul. 2014. Disponível em: https://noticias.uol.com.br/cotidiano/ultimas-noticias/2014/07/28/pms-suspeitos-no-caso-sumare-no-rio-falaram-em-fazer-isso-toda-semana.htm. Acessado em: 17.03.2022.